insel taschenbuch 5056

Robert Walser

»Spazieren muß ich unbedingt«

Eine »Nächtliche Wanderung«, ein »Abendspaziergang« oder ein »Ausflug aufs Land« an einem »Herbstnachmittag«, mit »Tannenzweig, Taschentuch und Käppchen« am »Sonntag« auf den Berg, entlang der »Friedrichstraße«, vom »Tiergarten« die »Großstadtstraße« hinunter zum »Bahnhof«, dann eine Begrüßung: »Guten Tag, Riesin!« – doch in Gedanken beim »Liebespaar«, voller »Schwärmerei« für den »Liebesbrief«. Bis er seinen Gang »Beiseit« macht.

Die Anthologie *»Spazieren muß ich unbedingt«* versammelt die schönsten und unterhaltsamsten Texte vom »König der Spaziergänger« und »Bummelgenie« Robert Walser zum Gehen, Wandern und Spazieren über Land, auf den Berg, in der Stadt – und in Gedanken.

Robert Walser, geboren am 15. April 1878, lebte in Biel, Zürich, Berlin, Bern und von 1933 an in der Heil- und Pflegeanstalt Herisau. Er starb am 25. Dezember 1956 während eines Spaziergangs im Schnee. Walser publizierte 15 Bücher und mehr als 1000 Texte in Zeitungen und Zeitschriften. Heute gilt er als einer der wichtigsten deutschsprachigen Autoren des 20. Jahrhunderts.

David Wagner, geboren 1971, schreibt Romane, Gedichte, Erzählungen und Feuilletons. Durch Berlin flaniert er gern mit einer Schildkröte.

Reto Sorg, geboren 1960, unterrichtet Neuere Deutsche Literatur an der Universität Lausanne und leitet das Robert Walser-Zentrum in Bern. Zahlreiche Publikationen im Bereich moderne und zeitgenössische Literatur und Kunst.

ROBERT WALSER

»SPAZIEREN MUSS ICH UNBEDINGT«

Vom Gehen über Stadt und Land

Mit einem Nachwort von David Wagner
Herausgegeben von Reto Sorg
Unter Mitarbeit von Gelgia Caviezel

Insel Verlag

2. Auflage 2026

Erste Auflage 2024
insel taschenbuch 5056

Umschlaggestaltung: Rothfos & Gabler, Hamburg
Umschlagfoto: Robert Walser auf einer Wanderung
zum Säntis, fotografiert von Carl Seelig am 1. Juni 1942,
© Keystone SDA/Robert Walser-Stiftung Bern
Satz: Satz-Offizin Hümmer GmbH, Waldbüttelbrunn
Druck: CPI books GmbH, Leck
Printed in the EU
ISBN 978-3-458-68356-8

Insel Verlag Anton Kippenberg GmbH & Co. KG
Torstraße 44, 10119 Berlin
info@insel-verlag.de
www.insel-verlag.de

INHALT

I »WARUM SOLLTE ER NICHT EINE GANZE NACHT LANG WANDERN KÖNNEN«

II »ER GING DEN BERG HINAUF«

III »FLÜCHTIGE BLICKE FÜR ALLES«

IV »FEINSINNIGE SPAZIERGANGSGEDANKEN«

V »ICH MACHE MEINEN GANG«

I

»WARUM SOLLTE ER NICHT EINE GANZE NACHT LANG WANDERN KÖNNEN«

DER GREIFENSEE

Es ist ein frischer Morgen und ich fange an, von der großen Stadt und dem großen bekannten See aus nach dem kleinen, fast unbekannten See zu marschieren. Auf dem Weg begegnet mir nichts, als alles das, was einem gewöhnlichen Menschen auf gewöhnlichem Wege begegnen kann. Ich sage ein paar fleißigen Schnittern »guten Tag«, das ist alles; ich betrachte mit Aufmerksamkeit die lieben Blumen, das ist wieder alles; ich fange gemütlich an, mit mir zu plaudern, das ist noch einmal alles. Ich achte auf keine landschaftliche Besonderheit, denn ich gehe und denke, daß es hier nichts Besonderes mehr für mich gibt. Und ich gehe so, und wie ich so gehe, habe ich schon das erste Dorf hinter mir, mit den breiten großen Häusern, mit den Gärten, welche zum Ruhen und Vergessen einladen, mit den Brunnen, welche platschen, mit den schönen Bäumen, Höfen, Wirtschaften und anderem, dessen ich mich in diesem vergeßlichen Augenblick nicht mehr erinnere. Ich gehe immer weiter und werde zuerst wieder aufmerksam, wie der See über grünem Laub und über stillen Tannenspitzen hervorschimmert; ich denke, das ist mein See, zu dem ich gehen muß, zu dem es mich hinzieht. Auf welche Weise es mich zieht, und warum es mich zieht, wird der geneigte Leser selber wissen, wenn er das Interesse hat, meiner Beschreibung weiter zu folgen, welche sich erlaubt, über Wege, Wiesen, Wald, Waldbach und Feld zu springen bis an den kleinen See selbst, wo sie stehen bleibt mit mir, und sich nicht genug über die unerwartete, nur heimlich geahnte Schönheit desselben verwundern kann. Lassen wir sie doch in ihrer althergebrachten Überschwenglichkeit selber sprechen: Es ist eine weiße, weite Stille, die wieder von grüner luftiger Stille umgrenzt wird; es ist See und umschließender Wald; es ist Himmel, und zwar so lichtblauer, halbbetrübter Himmel; es ist Wasser, und zwar so dem Himmel ähnliches Wasser, daß es nur der Himmel und jener nur blaues Wasser sein kann; es ist süße blaue warme Stille und Morgen; ein schöner, schöner Morgen. Ich komme zu keinen Worten, obgleich mir ist, als mache ich schon zu viel Worte. Ich weiß nicht, wovon ich reden soll; denn es ist alles so schön, so alles der bloßen Schönheit wegen da. Die Sonne brennt herab vom Himmel in den See, der ganz wie Sonne wird, in welcher die schläfrigen Schatten des umrahmenden Lebens leise sich wiegen. Es ist keine Störung da, alles lieblich in der schärfsten Nähe, in der unbestimmtesten Ferne; alle Farben dieser Welt spielen zusammen und sind eine entzückte, entzückende Morgenwelt. Ganz bescheiden ragen die hohen Appenzellerberge in der Weite, sind kein kalter Mißton, nein, scheinen nur ein hohes fernes verschwommenes Grün zu sein, welches zu dem Grün gehört, das in aller Umgebung so herrlich, so sanft ist. O wie sanft, wie still, wie unberührt ist diese Umgebung, wird durch sie dieser kleine, fast ungenannte See, ist selber also so still, so sanft, so unberührt. – Auf eine solche Weise spricht die Beschreibung, wahrlich: eine begeisterte, hingerissene Beschreibung. Und was soll ich noch sagen? Ich müßte sprechen wie sie, wenn ich noch einmal anfangen müßte, denn es ist ganz und gar die Beschreibung meines Herzens. Auf dem ganzen See sehe ich nur eine Ente, welche hin und her schwimmt. Schnell ziehe ich meine Kleider aus und tu wie die Ente; ich schwimme mit größter Fröhlichkeit weit hinaus, bis meine Brust arbeiten muß, die Arme müde und die Beine steif werden. Welch eine Lust ist es, sich aus lauter Fröhlichkeit abzuarbeiten! Der eben beschriebene, mit viel zu wenig Herzlichkeit beschriebene Himmel ist über mir, und unter mir ist eine süße, stille Tiefe; und ich arbeite mich mit ängstlicher, beklemmter Brust über der Tiefe wieder ans Land, wo ich zittere und lache und nicht atmen, fast nicht atmen kann. Das alte Schloß Greifensee grüßt herüber, aber es ist mir jetzt gar nicht um die historische Erinnerung zu tun; ich freue mich vielmehr auf einen Abend, auf eine Nacht, die ich hier am gleichen Ort zubringen werde, und sinne hin und her, wie es an dem kleinen See sein wird, wenn das letzte Taglicht über seiner Fläche schwebt, oder wie es sein wird hier, wenn unzählige Sterne oben schweben – und ich schwimme wieder hinaus. –

(1899)

SO LIEF ER DENN VORWÄRTS*

Warum sollte er nicht eine ganze Nacht lang wandern können. Er hatte eine Landkarte zur Hand genommen und darauf mit dem Zirkel die Zahl der Stunden, die er brauchte, um nach dem Städtchen zu gelangen, scharf abgemessen und hatte wahrgenommen, daß er gerade in einer Nacht, wenn er die Zeit ausnutzte, hingelangen konnte. Der Weg führte ihn zuerst durch die Vorstadt, wo Rosa, seine alte Freundin, wohnte, und er verschmähte nicht, ihr im Vorbeilaufen einen kurzen Besuch abzustatten. Sie war sehr erfreut, ihn nach so langer Zeit wieder einmal zu sehen, nannte ihn einen bösen, treulosen Menschen, daß er sie so habe im Stich lassen können, sagte das aber mehr in einem schmollenden als in einem gereizten Ton und ließ es sich nicht nehmen, Simon ein Glas Rotwein zu trinken zu geben, das, wie sie sagte, ihn für seine Nachtwanderung stärken solle. Auch briet sie ihm auf ihrem Gasherde schnell eine Wurst, stichelte den Dastehenden, während sie kochte, mit nicht unartigen, aber wohlgesetzten Worten, sagte, er müsse ja sehr gut mit Frauen versehen sein, und machte ihn lachend darauf aufmerksam, daß er eigentlich die Wurst nicht verdiene, sie nun aber doch haben solle, wenn er künftig fleißiger zu ihr käme. Das versprach, während er sich das Essen schmecken ließ, Simon und trat bald darauf seine Wanderung mit einigem Bangen vor der Anstrengung, die ihm bevorstand, an. Aber jetzt noch feige zurückkehren und die Eisenbahn benutzen, das mochte er doch nicht. So lief er denn vorwärts und fragte immer wieder nach dem richtigen Weg, um ja sicher zu gehen. Bei den Wegweisern zündete er ein Streichhölzchen an, hielt es in die nötige Höhe, um zu sehen, wo der Weg weiter hinliefe. Er ging mit einer ganz rasenden Schnelligkeit, als fürchtete er, der Weg möchte ihm unter seinen Füßen entgehen und davonlaufen. Der Rotwein Rosas hatte ihn befeuert und er wünschte nur, daß bald die Berge kämen, die zu überwinden ihm eine Lust und Leichtigkeit gewesen wäre. So kam er in das erste Dorf und hatte Mühe, sich auf den verschiedenen Dorfwegen, die alle kreuz und quer liefen, zurechtzufinden. Er rief deshalb einen Schmied an, der noch hämmerte, und von diesem erfuhr er, daß er richtig ging. Nun kam eine Landschaft, die ganz verschwommen war, weil sie aus lauter Gebüschen bestand; es ging bergaufwärts; dann kam eine Art Hochebene, die etwas Schauerliches an sich hatte. Es war tiefdunkel, kein Stern am ganzen Himmel, hin und wieder kam der Mond hervor, aber die Wolken verdeckten sein Licht wieder. Nun lief Simon durch einen finsteren Tannenwald, er fing an zu keuchen und paßte besser auf seine Schritte auf; denn er stieß immer wieder an Steine, die im Wege lagen, und das langweilte ihn doch ein wenig. Der Tannenwald hörte auf, Simon atmete freier; denn in dunklen Wäldern zu gehen, so allein, ist nicht immer ungefährlich. Ein großes Bauernhaus stand plötzlich vor ihm wie aus der Erde emporgewachsen und engte seinen Blick ein, ein großer Hund schoß hervor, sprang auf den Wanderer los aber biß nicht. Simon blieb ganz still und ruhig stehen, starrte den Hund nur an, und so wagte der Hund nicht zu beißen. Weiter ging es! Brücken kamen, die donnerten in der Stille unter den raschen Schritten, denn sie waren von Holz, es waren alte Holzbrücken mit Dächern und Heiligenbildern am Ein- und Ausgange. Simon fing an, gezierte Schritte zu machen, um sich Unterhaltung zu verschaffen. Plötzlich, auf ganz offenem, aber düsterem Feld stand ein starker Mann vor ihm, der ihn anschrie und ihn dabei fürchterlich anstarrte. »Was wollen Sie?« schrie Simon seinerseits, aber er machte eine Schwenkung rund um den Mann herum und lief fort, ohne hören zu wollen, was der Mann wollte. Sein Herz klopfte, es war die Plötzlichkeit der Erscheinung, nicht der Mann selber, die ihn erschreckt hatte. Dann marschierte er durch ein schlafendes, endlos langes Dorf. Ein weißes langes Kloster sah ihm entgegen und verschwand wieder. Es ging wieder bergauf. Simon dachte an gar nichts mehr, die zunehmende Anstrengung lähmte seine Gedanken; stille Brunnen wechselten mit einsamen Baumgruppen, Wälder mit Wolken, Steine mit Quellen, es schien alles mit ihm zu gehen und hinter ihm zu versinken. Die Nacht war feucht, finster und kalt, seine Wangen aber brannten und seine Haare wurden naß vom Schweiß. Auf einmal erblickte er zu seinen Füßen etwas gestreckt Liegendes, Weites, Schimmerndes und Glänzendes: es war ein See; Simon blieb stehen. Von da an ging es abwärts auf einem fürchterlich schlechten Weg. Zum ersten Mal taten ihm seine Füße weh, aber er achtete nicht darauf, sondern ging weiter. Äpfel hörte er dumpf auf die Wiesen fallen. Wie geheimnisvoll schön die Wiesen waren: undurchsichtbar und dunkel. Das Dorf, das nun folgte, erweckte sein Interesse durch die vornehmen Häuser, die es zur Schau trug. Aber hier wußte Simon nicht mehr weiter. So sehr er suchte, den rechten Weg fand er nicht. Da es ihn erbitterte, wählte er, ohne sich lange zu besinnen, die Hauptstraße. Eine Stunde mochte er gegangen sein, als ihm ein deutliches Gefühl sagte, daß er eine falsche Richtung eingeschlagen hatte, er kehrte wieder um, weinte beinahe vor Zorn und schlug seine Füße gegen die Straße, als hätten sie die Schuld getragen. Er kam wieder ins Dorf zurück: zwei Stunden versäumt: welche Schmach! Er fand auch sogleich den rechten Weg, nun, da er die Augen besser auftat, lief fort, unter Bäumen, die ihr Laub fallen ließen, auf einem schmalen Seitenwege, der ganz mit raschelnden Blättern bedeckt war. Er gelangte in einen Wald, es war ein Bergwald, der schroff in die Höhe strebte, und da Simon keinen Weg mehr vor sich sah, ging er einfach gerade aus, suchte sich, immer höher steigend, durch das dichteste Tannengeäst seine Bahn, zerkratzte sich sein Gesicht, zerrieb seine Hände, aber es ging wenigstens hinauf, bis endlich der Wald aufhörte, durch den er sich stöhnend und fluchend hindurchgerungen, und eine freie Weide vor seinen Augen lag. Er ruhte einen Moment: »Herrgott, wenn ich zu spät komme: welche Blamage!« Weiter! Er ging nicht mehr, er sprang, indem er rücksichtslos seine Beine in die weiche Ackererde stampfte. Ein bleiches, schüchternes Morgenlicht streifte von irgendwoher seine Augen. Er sprang über Hecken, die ihn zu höhnen schienen. Auf einen Weg achtete er schon längst nicht mehr. Eine anständige breite Straße, das blieb in seiner Phantasie als etwas Köstliches hängen, nach dem er sich von Herzen sehnte. Es ging wieder bergabwärts, in schmale, kleine Schluchten, wo die Häuser an den Halden wie Spielzeuge klebten. Er roch die Nußbäume, unter denen er lief; unten im Tal schien so etwas wie eine Stadt zu sein, aber das war nur eine gierige Ahnung. Endlich fand er die Straße. Seine Beine selbst schienen mitzujubeln über den Fund und er ging ruhiger, bis er einen Brunnen fand, zu dessen Röhre er sich wie ein Wahnsinniger hinstürzte. Unten gelangte er in eine kleine Stadt, kam bei einem weißglänzenden, zierlichen, anscheinend geistlichen Palais vorbei, dessen Verfallenheit ihn tief rührte, und wieder ging es ins offene Land hinaus. Hier fing der Tag an zu grauen. Die Nacht schien zu erbleichen; die lange, stille Nacht machte ein Zeichen der Bewegung. Simon stürmte jetzt den Weg nur so beiseite. Wie bequem erschien ihm das Gehen auf einer solchen glatten Straße, die in großen Windungen zuerst aufwärts, dann prachtvoll gedehnt bergab führte. Nebel sanken auf die Wiesen nieder und gewisse Tagesgeräusche meldeten sich dem Ohr. Wie lang doch eine Nacht war. Durch diese Nacht, die er auf der Erde durchgelaufen, saß vielleicht ein Gelehrter, vielleicht gar sein Bruder Klaus, bei der Lampe am Schreibtisch, und wachte ebenso sauer und mühsam. Ebenso wundervoll mußte einem solchen Stillesitzenden der erwachende Tag vorkommen, wie jetzt ihm, dem Landstraßenläufer. Schon zündete man in kleinen Häusern die Frühmorgenlichter an. Eine zweite, größere Stadt erschien, zuerst mit Vorhäusern, dann mit Gassen, dann mit Toren und einer breiten Hauptstraße, in der Simon ein herrliches Gebäude mit Statuen von Sandstein auffiel. Es war eine alte Stadtburg, die jetzt als Postgebäude diente. Schon gingen Menschen auf der Straße, die er fragen konnte nach dem Weg, wie am Abend zuvor. Es ging wieder ins flache, freie Land hinaus. Der Nebel zerstob, Farben zeigten sich, entzückte Farben, entzückende Farben, Morgenfarben! Es schien ein herrlicher, blauer Herbstsonntag werden zu wollen. Nun begegnete Simon Leuten, namentlich Frauen, sonntäglich geputzten, die vielleicht schon von weit herkamen, um in die Stadt zur Kirche zu gehen. Immer bunter wurde der Tag. Jetzt sah man die roten, glühenden Früchte neben der Straße in der Wiese liegen, auch fielen beständig reife Früchte von den Bäumen. Es war das reine Obstland, durch das Simon nun weiterschritt. Handwerksburschen begegneten ihm, ganz bequemlich; die nahmen das Gehen nicht so ernst, wie er. Eine ganze Gesellschaft dieser Burschen lag ausgestreckt an einem Wiesenrand in den ersten Strahlen der Sonne: welches Bild der Behaglichkeit! Eine Kuh wurde vorbeigeführt, und die Frauen sagten so schön ›guten Tag‹. Simon aß Äpfel auf dem Weg, auch er wanderte jetzt ruhig durch das fremde, schöne, reiche Land. Die Häuser an der Straße waren so einladend, aber noch schöner und zierlicher waren die Häuser, die mitten unter den Bäumen, tiefer im Land, mitten im Grün steckten. Die Hügel gingen anmutig und sanft in die Höhe, die Höhen lockten, alles war blau, von einem herrlichen, feurigen Blau durchzogen, auf Wagen fuhren ganze Gesellschaften von Leuten daher und endlich sah Simon ein kleines Häuschen am Weg, dahinter eine Stadt, und sein Bruder steckte den Kopf durch das Fenster des Hauses. Er war zur rechten Zeit angekommen, kaum eine Viertelstunde nach der vereinbarten Zeit. Und er ging mit Frohlokken in das Haus hinein.

(1907)

Joseph ging in den Wald hinauf. Der Weg dahin war sehr hübsch und sehr still. Natürlich war er, während er so ging, von Gedanken an die kleine, verhutzelte und verschuggte Silvi in Anspruch genommen. Pauline kam ihm wie ein gefräßiger Raubvogel vor und Silvi wie die Maus, die sich unter den Krallen des grausamen Tieres befand. Wie konnte Frau Tobler ihr zartes Töchterchen diesem Drachen von Dienstmagd ausliefern? Aber war denn Silvi so zart und die Magd so sehr ein Drache? Vielleicht war alles das gar nicht so schlimm. Man würde da leicht zu Übertreibungen neigen, wollte man von der einen Seite sofort das Teuflischste, was es in der Welt gab, annehmen, und vom andern Teil das Lieblichste und Beste. Der »Unflat« Silvi war ja schon ein wenig ein solcher, aber Pauline war Pauline. Joseph erschien es undenkbar, im stillen etwas Günstiges von Pauline aussagen zu dürfen, als höchstens etwa, daß ihr Vater ein ehrlicher Bahnwärter und Landmann sei. Aber was hatte das Bahnwärterhaus mit dem brutalen Vergnügen an der Kindermißhandlung zu tun? Möglich war es ja, daß der Vater der Pauline ein halber, wütender Stier sein konnte, was wußte man denn Genaues! Aber diese feine, beinahe aristokratische Toblerdame, diese Mutter, diese aus echt bürgerlichen Kreisen herstammende Frau, die das zarte Empfinden mit der Muttermilch einsog, diese Kluge, in mancher Hinsicht sogar Schöne, was war es mit der? Was hatte die für Ursache, das Kind zu verstoßen und zu verschuggen? Joseph freute sich an diesem kuriosen Wort: »verschuggen«, er fand es für die Eigentümlichkeit, die es benannte, so kennzeichnend. »Verstoßen«, das erinnerte ein wenig an die Märchenbücher, aber »verschuggen« konnte man heute noch so gut arme, kleine, wehrlose Kinder wie vor aberhunderten von Jahren. Solches gelang ja sogar in einer Villa Tobler, dem Ort, wo zwei Feen sich so gern aufhielten, nach Toblers eigener Redensart, der Anstand (es muß anständig zugehen bei mir) und die Säuberlichkeit (potz tausend, mehr Ordnung, haben Sie gehört). Konnten zwei so reizende Feen etwas so Unsauberes und in der Tat Unanständiges, wie es die fortwährende Demütigung eines kindlichen Gemütes war, in ihrem Beisein dulden, war das möglich? Wie es schien, ja! Es war eben allerlei möglich, in dieser Welt, wenn man sich die Mühe und Liebe nahm, auf einem Wiesenspaziergang ein bißchen darüber nachzudenken.

Joseph begegnete fast gar keinen Leuten. Ein paar Bauern standen am Weg. Zu beiden Seiten desselben streckten sich üppige Wiesen aus, von hunderten von Fruchtbäumen besetzt. Es war alles so eng und zugleich so weit und so grün. Bald langte er im Wald an, er entdeckte nach kurzer Zeit des Umherlaufens eine kleine, enge, von einem Wasser durchzogene Waldschlucht und machte es sich im Moos bequem, indem er sich einfach auf den weichen Boden hinfallen ließ. Der Bach murmelte so artig, durch die Blätter der hohen Buchen blitzte die Sonne, so bekannt, so wohlig, und das saftige Grün umwob die Schlucht wie mit feinen, süßen Schleiern. Hier wäre für eine romantische Geschichte ein schöner, passender Schauplatz gewesen. Von irgend woher aus den umliegenden Hochebenen ertönten Schüsse, da war wohl in ziemlicher Nähe ein Schießstand. Wie still sonst! Kein Lüftchen konnte in diese grüne, verborgene Welt hineindringen. Die Bäume hätten vorher umfallen müssen, aber es waren hohe und alte, die hielten einem Unwetter, ja zehn Unwettern stand, und heute sah es da oberhalb der Schlucht nicht nach Winden und Wettern aus. Irgend ein Ritterfräulein in Samtrock und ledernen Handschuhen, das weiße Roß an der Leine führend, das reiche, goldene

Haar ungebunden tragend, hätte jetzt daherkommen können, Joseph würde sich nicht allzusehr über den Auftritt gewundert haben. So sah es hier aus, ganz nach ritterlichen und frauenhaften Begebenheiten. Aber was konnte viel Schönes und Ritterliches in der Nähe der Villa Tobler vorkommen? Etwa gar die Pauline, oder Tobler selber als abenteuerlustiger und ebenso gekleideter Unternehmer? Unternehmungen, ja, die gab es in Hülle und Fülle, kein Zweifel, aber was für welche? Was hatten technische Unternehmungen mit grünen Waldschluchten, weißen Rössern, edlen, lieben Frauengestalten und mit mutigen Taten zu tun? Ritten in früheren Jahrhunderten die Ritter und Unternehmer auch auf der »Reklame-Uhr« und auf dem »Schützenautomaten«, oder auf ähnlichen Gäulen herum? Gab es damals auch schon »verschuggte« Kinder, Ecepecen Silvi? O ja, aber eben, man nannte sie »Verstoßene«, und heute nannte sie da so einer, der zwischen dem herrlichsten Grün im Moose lag, »Verschuggte«.

Er lachte. O es war so schön hier. Im Wald ist die Stille eine doppelte. Ein weiter Ring von Bäumen und Gesträuchen bildet die erste Stille, und die zweite, noch schönere, ist der eigene erwählte Platz. So wie der Bach murmelte, glaubte man sich schon in lange, kühle Träumereien verstrickt, und so wie man ins Grün hinaufschaute, befand man sich mitten in silbernen und goldenen und guten Weltanschauungen. Die selber erdachten, einem fernen und nahen Bekanntenkreis entnommenen Personen flüsterten leise, sie sagten etwas, oder sie machten bloß Mienen, während die Augen eine tief innerliche Sprache für sich redeten. Die Gefühle traten nackt und mutig auf, und das Feinstempfundene traf ein verborgenes, sehnsuchtsvolles Verständnis an. Die Lippen und Gedanken, ohne der Zeiträume und Lebensstraßen zu bedürfen, küßten sich, wenn sie sich erkannt hatten; auf den Lippen sah man die

Freude hochaufbrennen, und aus den Gedanken heraus sang eine zu Bach, Busch und Waldstille passende, freundliche Wehmut. Man brauchte nur zu denken, es werde bald Abend werden, und so schienen auch schon alle bekannten und unbekannten Landschaften im Abendlicht zu schwimmen. Der Wald über dem Kopf des Träumers hob und senkte und wiegte sich leise und tanzte in dem hinaufgerichteten Auge, und für das Auge war das Mittanzen keine Frage. Wie schön ist es hier, sagte Joseph mehrmals still für sich. Plötzlich hatte er eine lebhafte Erinnerung aus dem Kindheitleben.

Damals, in der Jugendzeit, gab es auch so eine Art Schlucht, aber eigentlich war es mehr eine Sandsteingrube, aber eine so seltsame und zierliche, wie er später nie wieder eine gesehen hatte. Diese rundliche Grube befand sich am Rand eines ausgedehnten Buchen- und Tannen- und Eichenwaldes, er und seine Geschwister entdeckten sie eines Tages auf einem hin und herstreifenden Nachmittagsspaziergang. Es war auch an einem Sommersonntag, vielleicht war es auch schon ein wenig gegen den Herbst zu. Die Kinder waren vorausgesprungen, Spiele erfindend und betreibend, hinterher kamen die Eltern. Die neuaufgefundene Grube erwies sich als der herrlichste Spielplatz, man beschloß, dazubleiben und die Eltern hier zu erwarten. Diese kamen an, und auch sie fanden den Ort reizend, es gibt Naturpunkte, die einfach berücken, so dieser. Die Ränder der Grube waren von einem wahren, kaum durchdringbaren Baumdickicht bewachsen, so daß es eigentlich nur neugierigen Kindern aufbewahrt bleiben konnte, den Ort ausfindig zu machen. Freilich befand sich an einer Stelle eine breitere Öffnung zum bequemen Durchschreiten. Mutter setzte sich auf ein Rasenbord und lehnte sich mit dem Rücken an eine Tanne an. Es gab da mitten in der Grube eine kleine Erhöhung natürlichen Ursprunges, die, da sie so hübsch mit jungen Bäumen besetzt war, von selbst zum Sitzen und Liegen einlud. Wem hätte das nicht gefallen müssen? Der Ort, wie er dalag, schien von einer sinnigen Naturschwärmerhand geschaffen worden zu sein, aber nein, die Natur selber, so unbekümmert sie sonst ist, war hier gleichsam so zartfühlend gewesen, indem sie die Traulichkeit und Geschlossenheit selber erschuf. Rund um die kleine Erhöhung streckte und rundete sich eine Spielbahn, eine Waldwiese, bewachsen von den wunderlichsten Gräsern, Kräutern und wilden Blumen, die einen berauschenden, romantischen Duft verbreiteten. Von der übrigen Welt sah man nichts als ein Stück Himmel, das die hohen Bäume am Rand der Grube gesetzmäßig den Blicken abschnitten. Das Ganze glich einem Plätzchen in einem weitläufigen, herrschaftlichen Garten, nicht einer zufälligen Waldstelle. Die Eltern schauten schweigsam dem Treiben der Kinder zu, die sich, eines das andere, die steilansteigende Sandwelle der Grube hinauf und hinabjagten, wobei gelacht und geschrieen wurde. Diese frühen Stimmen. Wie man nur so wild sein konnte. Die Kinder waren alle darüber erfreut, daß es der Mutter hier gefiel, daß sie ruhig sitzen bleiben durfte, umweht von den Annehmlichkeiten eines so hübschen Ruheplatzes. Sie kannten die Wünsche und Bedürfnisse des Muttergemütes. Bald schien denn auch der ganze Ort erfüllt zu sein von diesem freundlichen, gedankenvollen Gefallen und von dem kindlichen Meinen, Glauben und Hoffen, das Richtige getroffen zu haben. Ein sonderbarer Gemütszauber machte die lebhaften Spiele noch um ein Bedeutendes beliebter und stürmischer. Man durfte sich jetzt, da die Mutter zufrieden zu sein schien, schon ein wenig Ausgelassenheit über das gewöhnliche Maß erlauben. Wie es in fast jedem bürgerlichen Familienhaus irgend eine bedrückende Misere gibt: hier war sie vollständig neben die Seite gestellt worden, ja, die Welt schien man vergessen zu haben.

Die Kinder schauten von Zeit zu Zeit auf die Mutter, ob sie böse war oder nicht, nein, sie schaute gütig und im übrigen gemessen gradaus. Das war ein gutes Zeichen, und der kleine Grashügel selbst schien von da an Empfindung bekommen zu haben. »Sie ist gut aufgelegt,« flüsterten den Kindern die Blätter der rauschenden Bäume zu. Wenn die Mutter lächeln konnte, was eine so große Seltenheit war, dann lächelte ihnen die ganze umliegende Welt zu. Mutter war schon damals krank, sie litt an übergroßer Empfindlichkeit. Wie süß kam nun den Kindern das ruhige Daliegen der Frau vor, an der das Unglück herumnagte. Das Unglück schien von diesem traulichen Winkel verbannt zu sein, und so lispelte und flüsterte denn eine Freude in jedem Grashalm der kleinen, weltentrückten Waldwiese und ein freundlicher Glauben in jeder Tannennadel. Im Schoß der Mutter lagen ein paar Feldblumen, und der Sonnenschirm lag neben ihr, den Händen war irgend ein Buch entglitten. Das Gesicht, das die Kinder fürchteten, sah so friedlich aus. Da durfte man schon toben und schreien und Übermütigkeiten einfädeln. Jeder Zug des Gesichtes sagte: »Ja tobt nur, es geht jetzt. Tobt euch nur aus, es macht nichts.« Und der ganze liebliche Ort schien sich gesellig und stürmisch mit im Kreise des Spieles zu drehen. – »Das war eine Grube gewesen, und hier ist nur eine Waldschlucht, und das Haus Tobler ist in der Nähe, und es ist eine unverzeihliche Sünde, zu träumen, wenn der Mensch das dreiundzwanzigste Jahr überschritten hat.«

Joseph machte sich auf den Heimweg.

(1908)

FUSSWANDERUNG

Wie war der Mond auf dieser Wanderung schön, und wie blitzten und liebäugelten die guten, zarten Sterne aus dem hohen Himmel auf den stürmischen ungeduldigen Fußgänger herab, der da fleißig weiter und weiter marschierte. War er ein Dichter, der da von dem leuchtenden Tag in den sanften blassen Abend hineinlief? Wie? Oder war es ein Vagabund? Oder war er beides? Gleichviel, gleichviel: Glücklich war er und bestürmt von beunruhigendem Sehnen. Das Sehnen und Suchen, das Niebefriedigtsein und der Durst nach Schönheit trieben ihn vorwärts, und hinter, weit hinter ihm schlummerten die bilderreichen Erinnerungen. Was hinter ihm lag, ging ihm durch den Wanderkopf, und was Unbekanntes vor ihm lag, zog wie Musik durch seine begierige Seele. Die Sonne brannte, und der Himmel war blau, und der blaue weite große Himmel schien sich immer mehr auszudehnen, als werde, was groß sei, immer größer, und was schön sei, immer schöner, und was unaussprechlich sei, immer unermeßlicher, unendlicher und unaussprechlicher. Aus golden-dunklen, dämonisch blitzenden Abgründen duftete edle wilde Romantik herauf, und Zaubergärten schienen rechts und links von der Landstraße zu liegen, lockend mit reifen, süßen, schönfarbenen Früchten, lockend mit geheimnisvollen unbeschreiblichen Genüssen, die die Seele schon schmelzen und schwelgen machen im bloßen flüchtigzuckenden Gedanken. O was war das für ein lustiges, tanzendes Marschieren, und dazu zwitscherten die Vögel, daß das Ohr am Gesang noch lange hing, wenn es von dem Herrlichen schon nichts mehr hörte, daß das Herz meinte aus dem Leib heraustreten und in den Himmel hinauffliegen zu müssen. Dörfer wechselten mit weiten Wiesen, Wiesen mit Wäldern und

Hügel mit Bergen ab, und wenn der Abend kam, wie wurde da nach und nach alles leiser und leiser. Schöne Frauen traten aus dem Düster, Geflüster und Dunkel groß hervor und grüßten mit stiller, königinnen- und kaiserinnengleicher Gebärde den Wanderer. Und wie war es doch erst in den stillen, von der heißen mittäglichen Sonne beschienenen und verzauberten Dörfern, wo das heimelige Pfarrhaus stand in der grünen rätselhaften Gasse, und die Leute dastanden mit großgeöffneten, erstaunten und sorgsam forschenden und fragenden Augen. Wunderbar war das Einkehren in das Gasthaus und das Schlafen im sauberen, nach frischem Bettzeug duftenden Gasthausbett. Das Zimmer roch zum Entzücken nach reifen Äpfeln, und am frühen Morgen stellte sich der Wanderbursche an das offene Fenster und schaute in die bläulich-goldene, grüne und weiße Morgenlandschaft hinaus und atmete die süße Morgenluft in seine wildbewegte Brust hinein, von all der Schönheit, die er sah, überwältigt. Wieder und wieder wanderte er weiter, mit heiteren und mit düsteren Gedanken, unter dem Tag- und unter dem Nachthimmel, unter der Sonne und unter dem Mond, unter schmerzenden und unter glücklich lächelnden Gefühlen. Ach, und wie schmeckten ihm Käs und Brot und die zwiebelbelegte köstliche, ländlich zubereitete Bratwurst. Denn wenn dem rüstigen Wandersmann das Essen nicht schmeckt, wem sonst soll es dann noch schmecken?

(1913)

NÄCHTLICHE WANDERUNG

Einmal machte ich eine Nachtwanderung, es war eine dunkle, wolkige, warme Mainacht. Die Erde blühte und duftete. Aus den schweigenden nächtlichen Gärten flüsterte und lispelte es mir zu, als sei alles Geheime nun offen und als rede das Verschwiegene. Mein leichter, behender, fleißiger Fuß trug mich leicht über die harte Landstraße. Das Harte war weich wie Flaum, und das Mühselige machte mich nur lachen, als sei es die Freundlichkeit selber. Ich hatte eine merkwürdige Freude an dem eigenen fröhlichen Weiter- und Weitermarschieren. Taktgemäß ging es von Dorf zu Dorf, und die Dörfer schlummerten so schön, so friedlich. Nur aus den Gasthäusern drang manchmal noch einiger später Lärm, und betrunkene Wirtshausgestalten taumelten mir hie und da entgegen. Ich lief, als sei ich der behende Wind, oder als sei ich ein Bote, der mit Windesgeschwindigkeit eine geheime Botschaft an einen weit entfernten Ort trägt. Alsdann war es mir wieder ums Herz, als sei ich ein flüchtiger Verbrecher, der die Nachtstunden benutzt, um auszureißen und sich in Sicherheit zu bringen. Ich war wie ein Indianer, der über die Ebene springt; doch bei mir ging es hin und wieder bergauf, um wieder in die Tiefe zu sinken. Neugierig guckten oft die süßen Sterne blinzelnd zwischen geheimnisvollem Gewölk auf den Fußgänger herab, und der Mond, der wackere Freund aller derjenigen, die nächtlings wandern, trat groß und majestätisch und freundlich aus der schwarzen Umhülltheit hervor, um bald darauf wieder zu verschwinden. So kam es und verschwand es und tauchte bald wieder auf, und ein unhörbares Rauschen war in allem, die Nacht rauschte, als sei sie eine Quelle, und das ist wahr: sie ist die Quelle alles Schönen, Lieben und Guten. So war mir dann wieder, als sei ich ein Liebender, befindlich auf der Suche nach der lockenden lieblichen Geliebten. Irgendwo im Land, das so schön dunkel war, wohnte sie: ihr Fenster stand jetzt vielleicht offen, daß alle ihre träumerischen Gedanken wie Vögel hinausflatterten, um sich in der herrlichen Nacht zu verlieren. Sie lag im Bett, aber ohne schlafen zu können und ohne einschlafen zu wollen, da sie an den fremden kühnen lieben Burschen dachte, den sie liebte, und von dem sie wußte, daß er sie liebte. Solchermaßen vertrieb ich mir die Zeit, die ich mit Laufen zubrachte, mit krausen dunklen Einbildungen, indes die Brunnen neben der Straße leise plätscherten. Einige Fenster hatten noch Licht, und das einsame Licht nahm sich aus wie die Idee im Kopf eines seltsamen Menschen. Auf solche Weise schritt ich vorwärts, fröhlich und voll Bangen, mutig und voll Verzagen, ganz gedankenlos und wieder voll Gedanken.

(1913)

DER AUSFLUG

Ich ging aus der Stube auf die Straße. Es war zu schönes Wetter, ich vermochte nicht das schöne Wetter zu betrachten und dabei zu Hause zu bleiben. Mild wie ein kleines, artiges Kind sah die Welt aus, so still und hell, so freundlich-grünlich. Gravitätisch und ernsthaft schritt ich vorwärts wie einer, der einen wichtigen Gang zu machen hat, etwa wie ein sanfter, gesetzter Steuereinnehmer oder fast wie ein Notar, der über das Land läuft. Es ist mir zur Gewohnheit geworden, stets so aufzutreten, wie wenn ich Wichtiges und Nützliches im Sinne hätte. Man sieht gut aus so, und die Leute achten einen. Beim Bahnübergang mußte ich warten, aber ich blieb ganz gern eine kleine, feine Weile stehen. Alsdann und so ging es weiter, durch ein Dorf, das ganz in Lieblichkeit gebadet dastand, durch einen Wald, zum Wald wieder hinaus über ein Feld durch ein anderes Dorf. Stellenweise war der Weg recht pappig, breiig und schmutzig. Da tat ich, als sei ich weiß wunder wie entsetzt über die Unreinlichkeit, wie der feinste Herr der Welt. Das Dorf war groß und schön, und da stand auf der grünen sanften Anhöhe ein Bauernhaus, eine rechte Pracht von einem Haus. Spielende Kinder auf der Landstraße und alles so leise, so dunkel, so hell und so weich. Es war, als erwarte die ganze Welt etwas Liebes und Schönes, stehe darum so zart da, so still. Das Dorf hatte ein so kluges, gescheites Aussehen, und das Wirtshaus stand so imposant an der Straße, daß ich recht ordentlich Respekt vor ihm bekam und kaum an ihm aufzuschauen wagte. Auch war die gestrenge Ortspolizei in nächster Nähe, bei deren Anblick ich mir so eigentümlich vagabundenhaft vorkam. O das Gehen in die weite, saubere, stille Welt hinein ist eine Königslust. Ein zweites Dorf tauchte bald danach auf. Dann ging ich den Berg hinauf. Auf dem Berg oben stand in der Waldlichtung ein wunderschönes, altes Gehöfte, so stolz, still und einsam. Bald ging ich wieder bergabwärts, durch den winterlich kahlen Wald. Abends war ich zu Hause, gerade schön pünktlich zum Abendessen. Ich bin und bleibe halt ein sonderbarer Freund der Pünktlichkeit.

(1914)

DER MORGEN

Gestern bin ich früh aufgestanden. Ich schaute zum Fenster hinaus. In der Ferne, über dem Waldrücken war der Himmel glühend rot. Es war noch vor Sonnenaufgang, die Welt war kalt und dunkel. Das Hochgebirge zeichnete sich mit seinen zackigen Gipfeln herrlich-groß und dunkel im brennenden Morgenrot ab. Ich zog mich rasch an, und ging hinunter, um in den wundervollen, frischen Wintermorgen hinauszugehen. Der ganze Himmel war voll rötlichen Gewölkes. Im Dorf, das nur wenige Schritte von unserer Stadt entfernt ist, war die glänzende, rosige Straße voll Schulkinder, die eilig zur Schule liefen. Rührend erschienen mir die zahlreichen jungen Gestalten in ihrer Emsigkeit in dem goldenen Morgen, der silberig glänzte. Eine seltsame, jugendliche Klarheit wehte, gleich einem frischen Wind, durch die Gasse. Auch wehte ja der Morgenwind und einige welke Blätter fingen über die Straße an zu tanzen. Prächtig schimmerte der Glanz des Göttermorgens durch die Äste der kahlen Bäume. Ich atmete aus voller Brust die köstliche Luft ein, einige Häuser schimmerten grünlich, andere strahlten in süßem, reinem Rosarot, und das Grün der Wiesen war so frisch. Aus der Nacht und ihrem Dunkel war alles hell und unsäglich freundlich aufgestanden. Die Gesichter der Menschen leuchteten so morgendlich. Die Augen blitzten und glitzerten, und am Himmel schimmerten noch die Sterne in überirdischer, verzehrender Schönheit. Überall ein Glanz und ein Wind. Der Wind fegte daher wie jugendliche Hoffnung, wie neue, nie empfundene Zuversicht. Alles bewegte sich, die Wäsche flatterte und knatterte, der Eisenbahnrauch flog auf und verlor sich. Auch ich verlor mich. Ich war wie verzaubert, wie neu geboren, und voll Entzücken schaute ich zum

Morgenrot hinauf, wo das selige, goldene Gewölke schwamm. In Herrlichkeit und in Seligkeit zerrinnend löste es sich auf, und da trat die Sonne hervor, der Tag war da.

(1914)

HERBSTNACHMITTAG

Ich erinnere mich, einen schönen Nachmittag gehabt zu haben. Ich ging über das Land, einen gemütlichen Zigarrenstumpen im Munde. Sonne strahlte über die grüne Gegend. Im Felde arbeiteten Männer, Kinder und Frauen, der goldene Kanal floß mir zur linken Seite, und zur rechten hatte ich die Äcker vor den Augen. Schlendrig ging ich weiter. Ein Bäckerwagen sprengte an mir vorüber. Sonderbar ist es, daß ich mich auf jede Einzelheit wie auf eine Kostbarkeit so deutlich besinne. Es muß eine große Kraft in meinem Gedächtnisse sein, ich bin froh darüber. Erinnerungen sind Leben. So kam ich denn an manchem stattlich-heiteren und behäbigen Bauernhaus vorbei, die Bäuerin beschwichtigte wohl etwa den Hund, der im Sinne hatte, den Fußgänger und fremden Mann anzubellen. Reizend ist es, still und gemächlich übers Land zu gehen und von ernsten, starken Bäuerinnen freundlich gegrüßt zu werden. Ein solcher Gruß tut wohl wie der Gedanke an die Unvergänglichkeit. Es öffnet sich ein Himmel, wenn Menschen freundlich miteinander sind. Die Nachmittags- und jetzt bald Abendsonne streute flüssiges Liebes- und Phantasiegold über die Straße und machte sie rötlich zünden. Es war auf allem ein Hauch von Violett, aber eben nur ein zarter, kaum sichtbarer Hauch. Hauch ist nichts Fingerdickes zum Greifen, sondern tastet und schwebt nur über dem sichtbaren und unsichtbaren Ganzen als ahnungsvoller Schimmer, als Ton, als Gefühl. Ich kam an einem Wirtshaus vorbei, ohne einzukehren; ich dachte das später zu tun. Im Behaglichkeitstempo schritt ich weiter, ähnlich etwa wie ein sanfter, milder Pfarrer oder Lehrer oder Bote. Manch ein Menschenauge guckte mich neugierig an, um zu enträtseln, wer ich sein könnte. Da wurde es im wunderbaren tönenden

Lande immer schöner. Jeder Schritt leitete in andere Schönheit hinein. Mir war es, wie wenn ich dichtete, träumte, phantasierte. Ein blasses, schönes, dunkeläugiges Bauernmädchen, dessen Gesicht von der süßen Sonne überhaucht war, schaute mich mit dem glänzend-schwarzen Zauber ihrer Augen fragend an und sagte mir guten Abend. Ich erwiderte den Gruß und zog weiter, zu Bäumen hin, die voller roter, goldener Paradiesesfrüchte hingen. Wundersam leuchteten die schönen Äpfel in der Abendsonne durch das dunkele Grün der Blätter, und über alle grünen Wiesen tönte ein warmes, heiteres Glockentönen. Prächtige Kühe von brauner, weißer und schwarzer Farbe lagen und standen, zu anmutigen Gruppen vereinigt, über die saftigen Wiesen verstreut, die sich bis zum silbernen Kanal hinab erstreckten. Ich hatte nicht Augen genug, um anzuschauen, was es alles anzuschauen gab, und nicht Ohr genug, um auf alles zu horchen. Schauen und Horchen verbanden sich zu einem einzigen Genuß, die ganze weite grüne und goldene Landschaft tönte, die Glocken, der Tannenwald, die Tiere und die Menschen. Es war wie ein Gemälde, von einem Meister hingezaubert. Der Buchenwald war braun und gelb; Grün und Gelb und Rot und Blau musizierten. Die Farben ergossen sich in die Töne, und die Töne spielten mit den göttlich schönen Farben wie Freunde mit süßen Freundinnen, wie Götter mit Göttern. Nur langsam ging ich unter dem Himmelblau und zwischen dem Grün und Braun vorwärts, und langsam wurde es dunkel. Mehrere Hüterbuben kamen auf mich zu, sie wollten wissen, wie spät es sei. Später, im Dorf, kam ich am alten, großen, ehrwürdigen Pfarrhaus vorbei. Jemand sang und spielte drinnen im Haus. Es waren herrliche Töne, wenigstens bildete ich es mir ein. Wie leicht ist es, auf einem stillen Abendspaziergang sich Schönes einzubilden. Eine Stunde später war es Nacht, der Himmel glänzte schwarz. Mond und Sterne traten hervor. *(1914)*

SPAZIERGANG

Ich habe einen wohligen, kleinen, appetitlichen Spaziergang gemacht, leicht und angenehm wickelte er sich ab. Ich ging durch ein Dorf, dann durch eine Art von Hohlweg, dann durch einen Wald, dann über ein Feld, dann wieder durch ein Dorf, dann über eine eiserne Brücke, unter welcher der breite, sonnige, grüne Strom vorüberfloß, dann den Strom langsam entlang und so fort, bis es Abend wurde. Doch ich muß wieder zu dem Wald zurückkehren. Übrigens werde ich sehr wahrscheinlich auch über die Brücke noch etwas zu sagen haben. Im Wald war es so heilig-still, so feierlich, und als ich aus dem feuchten, dunkelgrünen Tannenwald herauskam, sah ich am Rand des Waldes zwei Kinder, die Holz zusammengelesen hatten, und die so helle Gesichter und Arme hatten. Die Wintersonne warf einen milden, goldenen Wunderglanz über den Feldhügel, über grüne Wiesen und dunkelbraunes Ackerland. Kahle, schwarze Bäume standen in der Sonne. Da sah ich, indem ich so ging, ein neues Kindergesicht, ein süßes, welches mich anlächelte. Und dann kam ich, wie gesagt, zu der Brücke, die ganz im Golde und im Silber der Sonne schimmerte und zuckte. Wonnig und großartig floß das Wasser unter der Brücke. Später, im Feldweg, begegnete mir eine Frau, deren ich mich darum erinnere, weil sie mich so freundlich grüßte. Da dachte ich: »Welch ein Vergnügen ist es doch, unter den Menschen sein zu dürfen.« Die Häuser am anderen Ufer des Flusses standen so schön, so frei auf der grünen Anhöhe, und die Fenster waren voll gelben Schimmers. Eine Schar Vögel flog in den brennenden Abendschimmer hinein. Ich verfolgte mit meinen Augen die Kette, bis sie verschwand. Eine Seite der Welt war ruhig und warm und dunkel, die andere war kalt und goldig und schimmernd-hell. Ruhig, Schritt für Schritt, ging ich weiter, bis ich einbog ins Land. Alsdann sah ich einige Leute, eine Frau und ein Kind unter abend-schwärzlichen Bäumen. Ihre Augen sahen mich so fragend an. Dann ging ich neben einem Haus vorbei, das ganz allein auf freiem weiten Felde stand, ein zierliches, wunderseltsames altes liebes Gärtchen davor oder daneben. Das Gärtchen umzäunt von einer wunderlichen, phantastischen Hecke. Nun wurde mir mit einem Mal alles zu Traum, Liebe und Phantasie. Alles, was ich jetzt anschaute, nahm große und hohe Form an. Die Gegend selber schien zu dichten, zu phantasieren. Sie schien über ihrer eigenen Schönheit zu träumen. Das Land war wie versunken in ein tiefes, musikalisches Denken. Ich blieb bezaubert von der Schönheit, die mich umgab, stehen und schaute mich aufmerksam nach allen Seiten um. Es war Abend geworden, das Grün sprach eine herrliche abendliche Sprache. Farben sind wie Sprachen. Dem Haus, bei dem ich stand, hing das Dach in die Fenster hinab wie eine Kopfbedeckung in die Augen. Sind nicht die Fenster die Augen der Häuser? Ich mußte jetzt zum Halbmond hinaufblicken, der hoch über dem Waldberg stand. Wundersam war es mir, zu sehen, wie die dunkle Erde so warm, so gesellig, so wohligruhig dalag, und wie der Mond da oben in der schimmernd-blassen und kalten Himmelseinsamkeit schwebte und glänzte. Seine Farbe war ein scharfes, eisigkaltes Silbergrün. Göttlich schön und unaussprechlich dunkel stand der Wald mit seinen reizenden Tannenspitzen unter dem graziösen Herrscher, dem herrlichen Mond. Ich kam an einem anderen Haus vorüber, eine Frau stand an der Tür, und ein Kätzchen kauerte neben ihr. Ich ging mit meinen Gedanken in das Haus hinein und blieb mit ihnen darin wohnen. »Wie sind Menschen und Häuser einander ähnlich,« sagte ich murmelnd zu mir selber. Dunkler und dunkler wurde es. Abende sind Gottheiten, und im

Abend ist man wie in einer süßen, hohen, wehmutreichen Kirche. Am blassen Himmel stand jetzt ein feuriges, süßes Rot. Es war, als sei der Himmel eine Wange, die vor Glück und vor Seligkeit erglühe. Ein Bauernbursche führte eine braune Kuh neben mir vorüber. Die kleinen Dorfkinder sagten gar wunderschön aus dem zunehmenden Abenddunkel heraus guten Abend. Alle Gesichter waren rötlich angeglüht vom rosig-glühenden Abendrot. Schon zeigten sich die Sterne. Da war gerade das Wirtshaus am Weg. Ich ging hinein.

(1914)

SPAZIEREN

Es ging einer spazieren. Er hätte in die Eisenbahn steigen und in die Ferne reisen können, doch er wollte nur in die Nähe wandern. Das Nahe kam ihm bedeutender vor als das bedeutende und wichtige Ferne. Demnach also kam ihm das Unbedeutende bedeutend vor. Das mag man ihm wohl gönnen. Er hieß Tobold, doch ob er nun so hieß oder anders, so besaß er jedenfalls wenig Geld in der Tasche und lustigen Mut im Herzen. So ging er hübsch langsam vorwärts, er war kein Freund übergroßer Schnelligkeit. Die Hast verachtete er; mit dem stürmischen Eilen wäre er nur in ein Schwitzen gekommen. Wozu das, dachte er, und er marschierte bedächtig, sorgfältig, artig und mäßig. Die Schritte, die er machte, waren gemessen und wohlabgewogen, und das Tempo enthielt eine sehenswerte Behaglichkeit, die Sonne brannte schön heiß, worüber sich Tobold aufrichtig und ehrlich freute. Zwar hätte er auch Regen gerne hingenommen. Er würde dann einen Regenschirm aufgespannt haben und säuberlich unter dem Regen marschiert sein. Er sehnte sich sogar ein bißchen nach Nässe, aber da Sonne schien, war er mit Sonne einverstanden. Er war nämlich einer, der fast an nichts etwas auszusetzen hatte. Nun nahm er seinen Hut vom Kopfe ab, um ihn in der Hand zu tragen. Der Hut war alt. Eine gewisse handwerksburschenmäßige Abgeschossenheit zeichnete den Hut sichtlich aus. Es war ein schäbiger Hut, und dennoch behandelte ihn sein Träger mit Hochachtung, und zwar deshalb, weil Erinnerungen am Hut hingen. Tobold vermochte sich stets nur schwer von langgetragenen und abgeschabten Sachen zu trennen. So zum Beispiel trug er jetzt zerrissene Schuhe. Er hätte ein neues Paar Stiefel wohl kaufen können. So über und über arm war er denn doch nicht. Als gänzlich bettelarm wollen wir ihn nicht hinstellen. Aber die Schuhe waren alt, sie hingen voll Erinnerungen, mit ihnen war er schon viele Wege gegangen, und wie hatten die Schuhe bis dahin so treu ausgehalten. Tobold liebte alles Alte, alles Ge- und Verbrauchte, ja, er liebte sogar bisweilen Verschimmeltes. So zum Beispiel liebte er alte Leute, hübsch abgenutzte alte Menschen. Kann man daraus Tobold einen berechtigten Vorwurf machen? Kaum! denn es ist ja ein hübscher Zug von Pietät. Nicht wahr? Und so schrittwechselte er denn ins herrliche liebe Blaue hinaus weiter. O wie blau war der Himmel, und wie schneeigweiß waren die Wolken. Wolken und Himmel immer wieder anzuschauen war für Tobold ein Glück. Deshalb reiste er ja so gern zu Fuß, weil der Fußgänger alles so ruhig und reich und frei betrachten kann, während der Eisenbahnfahrer nirgends stehenbleiben und anhalten kann als gerade exakt nur auf den Bahnstationen, wo meistens elegant befrackte Kellner fragen, ob ein Glas Bier gefällig sei. Tobold verzichtete gern auf einige acht Gläser Bier, wenn er nur frei sein konnte und auf seinen Beinen gehen durfte, denn seine eigenen Beine freuten ihn, und das Gehen machte ihm ein stilles Vergnügen. Ein Kind sagte ihm jetzt guten Tag, und Tobold sagte ihm auch guten Tag, und so ging er, und er dachte noch lang an das liebe kleine Kind, das ihn so schön angeschaut, ihn so reizend angelächelt, und ihm so freundlich guten Tag gesagt hatte.

(1914)

ABENDSPAZIERGANG

Die Erde war so eigentümlich dunkel, die Häuser standen so hell und still da, grüne freundliche Fensterläden gaben einen so frohen, lieben, altbekannten Klang. Hie und da ein paar ernsthafte sonntäglich gekleidete Menschen. Männer, Frauen und Kinder. Die Kinder spielen auf den weichen sauberen feuchten Wegen Frühjahrsspiele, und der milde, warme Himmel war so voll sanfter und stürmischer Bewegung. Das Immergrün an den hohen Mauern und die Mauern und Felsen selber redeten die jugendlichste Sprache, als solle die ganze lebendige Welt mit einmal wieder jung werden. Alles so froh, so leicht, so zart, so zärtlich. Ich ging mit einer gewissen sorgsamen Bedachtsamkeit spazieren, wobei ich immer stillhielt und mich umdrehte, als könne mir dieses und jenes Schöne verloren gehen. Ich kam zu einem alten und weiten behaglichen Platz, wo inmitten alter edler Gärten ebenso alte und ebenso edle Häuser stehen. Alle Häuser hatten einen Sehnsuchts- und Frühlingsanstrich, als seien sie voll heimlicher Freude und litten unter einem zarten, leisen Kummer, unter einem heiteren Weh, unter einer freundlichen Trauer. Die Welt war halb hell und halb dunkel, halb froh und halb nachdenklich. Zwei oder drei alte Türme schienen mit ihrem seltsamen Gestein heimlich zu lächeln und mit einer Art von Hand wunderlich zu winken. Die Bäume und Steine glänzten naß und farbig, und um die zerstreuten Gegenständlichkeiten floß das süße weiche Abendlicht, und die Sonne warf rötlichen Zauber, rosige Wehmut an die gegen Abend gerichteten Wände, daß es aussah, als liebkose eine goldene gütige Götterhand die verlorene arme Erde, die einem Kinde glich, das nicht weiß, wohin es gehen soll. Sonderbar tönten in der reinen durchsichtigen Atmosphäre die

Schritte und Stimmen der Menschen, und luftige Unsichtbarkeiten, unsichtbare Schönheiten schlichen um die Gärten und Häuser herum und flüsterten miteinander, als rege sich an allen Orten eine geheimnisvolle seltsame zweite Welt, ein zweites Leben. Geister und Gedanken gingen hörbar und sichtbar-unsichtbar mit langen reizenden Gewändern und mit entzükkend schönen Gebärden.

Die Luft war voll von verhaltener Freude, voll Rührung, Seele und banger Erwartung, voll Sehnen und doch wieder voll Zufriedenheit. Aus einem stillen, abseitsgelegenen Fenster schaute mich ein blasses zartes Frauengesicht mit eigentümlich fragenden Augen an, so still, so unbeweglich, als sei sie bloß ein Bild, die da hinter verschlossenem bleichen Fenster saß und in das Gäßchen schaute, wo nur ganz wenige Leute gingen. Das Wesentliche und Wirkliche verschwand, um traumhaften und geisterhaften Dingen Platz zu machen. Das Eingebildete trat deutlich hervor, mit großer, lebendiger Geste, ging als Gestalt herum, während die festen Gegenstände zergehen zu wollen schienen. Aus einem andern Haus, das nahe stand, drang der Ton einer schüchternen Mädchenmusik an meine Ohren, die überall hin lauschten, da ich wie die Aufmerksamkeit selber herumstand und ging. Mir war, als habe der schöne Abend ein eigenes Auge, womit er mich betrachte, und einen Mund, mit dem er zu mir rede. Aus einer kleinen, auf der Anhöhe stehenden Kirche traten zahlreiche Leute, meist Frauen, mit Gebetbüchern in den Händen und Zufriedenheit auf den Gesichtern, heraus, daß ich ihnen die geistige Erquicktheit deutlich anzumerken vermochte. Um auf die kleine, zarte Abendmusik von dem Mädchen zurückzukommen, das da im Zimmer spielt, so klang es wie Dornröschenschlummer und wie Sehnen nach lebendigem, beglückendem Erwachen, als solle ein lieber kühner starker Ritter durch die Dornen,

Hemmungen und Hindernisse bis zu ihr herdringen, um sie aus der Verzauberung zu befreien. Vorsichtig ging ich weiter. Oben auf dem Berg war der Wald so blaß, so zart. Die Sonne ging mit einem Abschiedslied voll Liebe und Schönheit unter. Die Tannen waren so still. Auf einem Umweg durch den Wald ging ich wieder nach Hause.

(1915)

DER WANDERBURSCHE

Einmal traf es sich, daß ein junger Wanderbursche vor ein anmutiges Jägerschlößchen kam, das ganz im hellen, süßen Frühlingsgrün lag. Er blieb stehen, und da der Himmel so schön blau war, das Schlößchen so reizend, so wandelte ihn die Lust an, zu singen, und er sang ein keckes, frisches, hübsches Wanderlied.

Das Schlößchen war aber von einer, wie man sagen mag, einzelnen, edlen, vornehmen, reichen Dame bewohnt, die das Lied hörte. Neugierig trat sie auf den zierlichen Balkon heraus, und da sie sah, daß der Sänger so jung war, so hübsch, manierlich mit dem Hut in der Hand dastand, den jugendlichen Kopf voll heller Locken, und so frei und fröhlich zu ihr hinaufschaute, so wollte sie es sich nicht nehmen lassen, ihn freundlich anzusprechen. Das tat sie und bat ihn, zu ihr heraufzukommen; sie würde ihm etwas zu essen geben.

Dies ließ sich natürlich der gute Bursche nicht zweimal sagen; denn so ein Kerl kann weit in der Welt herumlaufen, bis ihm jemand, und dazu noch eine so schöne, feine Frau, ein so artiges Angebot macht. Mit ein paar Sprüngen war er oben, wo er auf das lieblichste willkommen geheißen und in ein schönes Gemach voller dunkelroter Plüschmöbel geführt wurde. Als er gegessen und getrunken hatte, wobei die Dame ihm auf rührende und einnehmende Art zuschaute, fragte sie ihn, was er sei, welches Handwerk er treibe, worauf er keck erwiderte:

»Ich bin noch nichts. Mein Handwerk besteht in einem Herumwandern in weiter Welt, und was aus mir werden soll, das weiß der Himmel besser als ich selber.«

Der Frau gefielen der Bursche und seine muntere, unbefangene Antwort.

»Wollen Sie eine Zeitlang bei mir bleiben?« fragte sie. Er sagte frischweg ja, und so blieb er bei ihr. Er bekam ein Kämmerchen zum Schlafen. Die Dame war um ihn besorgt, wie wenn sie seine Mutter gewesen sei. Sie kochte ihm alle Tage das schönste und beste Essen, wie Huhn mit Reis, Speck mit Ei und Bohnen mit Hammelkotteletten, und der Bursche, der bis dahin so schmal hatte durchschlüpfen und so kärglich hatte leben müssen, ließ es sich natürlicherweise wohl schmecken.

Des Abends, wenn das Wetter mild war, traten beide auf den Balkon hinaus, um Schönheit und Annehmlichkeit der Nacht zu genießen. Dann schauten Mond und Sterne auf die beiden stillen Leute herunter, und sie ihrerseits zu ihnen hinauf. Oder sie lustwandelten unter breiten dunkeln Bäumen, allerlei schöne freundliche Gespräche führend, im Garten auf und ab, wobei beide sich über ihr bisheriges Leben harmlos äußerten und ausfragten.

Rasch vergingen die Tage. Die Welt kam ihnen beiden als ein artiger, unschuldiger Traum vor. Indessen merkte die Dame, die den Burschen lieb gewann, ihn deshalb gerne für immer bei sich behalten hätte, hie und da wohl, wie er sich heimlich nach der Welt hinaussehne, wie ihn eine verschwiegene Sehnsucht nach der früheren Wildheit und Ungebundenheit verzehre; aber sie wagte nicht zu fragen.

Die unterhaltsamsten Bücher gab sie ihm zu lesen, und die schönsten Kleider schenkte sie ihm; aber der Bursche verschmähte die Kleider, und die Bücher waren ihm gleichgültig. Wortkarg und wortkarger wurde er. Ihm fehlte etwas; weder Lust noch Geschmack mehr hatte er am Leben, das er bei der gütigen Dame führte.

Eines Abends, da beide im Zimmer bei der Lampe saßen, sprach die Frau zu ihm: »Ich habe Sie lieb wie einen Sohn. Wollen Sie mein Sohn sein?«

»Nein«, gab der Bursche zur Antwort, »und morgen in aller Frühe muß endlich wieder weitergewandert sein. Weinen Sie doch nicht. Lassen Sie mich reden. Lassen Sie mich Ihnen sagen, daß Sie viel, viel zu gütig zu mir sind, daß alle Ihre Liebe, Freundlichkeit und Güte verschwendet sind. Ich habe Sie lieb; doch ich muß weg, muß in die Welt hinaus, muß mit der Welt kämpfen. Ein junger Mann darf sich nicht verwöhnen lassen, soll es nimmermehr so gut haben. Mein Gewissen klagt mich an; es fordert mich auf, fortzugehen, damit mir wieder alle Rauheit der Welt begegne, und ich muß ihm gehorchen; morgen früh darf ich nicht mehr hier bei Ihnen sein. Was für ein Verräter wäre ich, wenn ich die begonnene Wanderung unterbrechen und für immer abstellen, mich so hätscheln und pflegen lassen und gänzlich vergessen wollte, was ich dem Selbstbewußtsein schuldig bin. Haben Sie Dank und verzeihen Sie mir. Doch ein Mann soll ich sein, und ich soll erfahren wollen, was das bedeutet.«

So redete er, und nichts nützten die Vorstellungen, die ihm gemacht wurden. Fröhlich, wie er angekommen war, zog er am andern Morgen fort, und in kurzer Zeit war er verschwunden.

(1915)

DIE TANTE

Unter den und den Voraussetzungen und Umständen lief ich eines frühen Morgens im Herbst aus dem Städtchen, wo ich bestens in Stellung gewesen war, munter fort. Zweierlei Dinge sind mir dabei lebhaft in Erinnerung geblieben: das prächtige Wetter und die Säuberlichkeit der Landstraße. Mein Anzug bestand in einer jägergrünen Hose und einem blauen und weißen Kittel. Letzterer würde eigentlich besser für den Sommer gepaßt haben; ich habe es jedoch in solchen kleinen Sachen nie genau genommen. Wandern, was bist du für eine helle, lichtblaue Freude!

Ich sprang fast mehr, als daß ich ging; mein Gehen war mehr ein Davonschweben als ein regelrechtes, festes, schwerfälliges Marschieren. Allerlei Landleute begegneten mir auf der schönen Straße, Bauern und Bäuerinnen. In die fröhliche Straße war ich förmlich verliebt. Echt bäurisches Land war es, durch das ich wanderte, Bergland und wieder Wiesenland, und nah am warmen Weg standen die allernettesten, allerfreundlichsten, allerzierlichsten Häuser, derart, daß ich mich ganz behaglich von ihnen anlachen und anheimeln lassen konnte. Über die Felder, Hügel, Äcker und Wälder lächelte, tanzte und blendete die schönste Morgensonne. Ich kam nach und nach in die Berge hinein, und bald gelangte ich in ein einsam gelegenes, ringsherum von hohen, schroffen Felsen umschlossenes Dorf; es war das Geburtsdorf meiner Mutter. Fremdartig und zugleich auch vertraut und verwandt mutete mich die Ortschaft an. Die ganze Welt und ich selber kamen mir wunderbar alt und jung vor; Erde und Erdenleben wurden mir urplötzlich zum Traum, und es war mir, als sei mir alles ganz leicht verständlich und zugleich wieder völlig unerklärlich.

Schüchtern, weil ich auf gewisse Weise verblüfft, verzagt und verdutzt, oder wer weiß, vielleicht sogar von irgendwelchen Bergzauberern verzaubert war, trat ich ins stolze, ehrsame Gasthaus, ließ mir etwas Weniges zu essen und zu trinken geben und erkundigte mich bei der Wirtin mit unsicherer Stimme nach den Vorfahren meiner Mutter. Die Wirtin schaute mich kalt, groß und gleichgiltig an, schüttelte den Kopf, schien über mich und meine Empfindsamkeit einigermaßen verwundert zu sein und sagte mir, daß sie mir nichts zu sagen vermöge. Es sei ihr leid, und dabei tat die Frau weiß Gott wie stolz und fremd und zugeknöpft. »Warte du nur!« dachte ich bei mir, tat nun meinerseits ebenso fremd, fragte grob und barsch, wie viel ich zu berappen oder zu bezahlen habe, zahlte und legte her, was ich etwa schuldig sein mochte und ging auf und davon.

Wunderschön erschien mir das Land. Der Gedanke, daß meine liebe Mutter hier ihre Jugendzeit verbracht habe, hier zur Welt gekommen sei, ergriff mich tief; da trat mir auf der Straße von links oder von rechts oder von ich weiß nicht woher ein Landjäger entgegen, und mit einem forschenden Blick auf meine eben preisgegebene und beschriebene Ausstaffierung von phantastischem Grün, reizendem Weiß und hoffnungsfreudigem Blau bat er mich still, ihm meine Heimatpapiere vorzuweisen. Er bekam sie zu sehen, und leise durften wir beide uns hoffentlich hübsch sachte wieder von einander trennen, eine Übereinkunft, die beiden wahrscheinlich gleich lieb und angenehm war.

Bald darauf, da es leise und vorsichtig Abend zu werden begann, trugen mich meine Schritte durch ein so stattliches, behäbiges, behaglich-wohlhabendes Dorf, wie ich in meinem Leben noch keins gesehen und betreten hatte. Was für breite, hochachtbare Häuser, was für schöne, große Ställe, Gärten, was für prächtige, respektherausfordernde Wirtschaften waren das! Aus einem Garten heraus grüßte mich eine nette, hübsche Frau; ich hätte ein Grobian sein müssen, wenn ich sie nicht wieder gegrüßt und beehrt haben würde. Zum Glück entpuppte ich mich aber nicht als Grobian und Flegel, sondern als Mensch von Sitte, etlicher Manierlichkeit und einiger guter Erziehung.

Wie schön, wie zutraulich war es nun im dunkleren und dunkleren Abendland geworden. Grüne, gute Matten schlichen zart und fein und freundschaftlich vor mir hin; Gedanken allerlei Art schlichen wie schmeichlerische Kätzchen dicht hinter mir her. Mancher von diesen Gedanken machte mich unverhofft leise oder laut lachen. Angenehme Hoffnungen, reizende, frohe Aussichten, liebe, süße, kleine Träume begleiteten mich, sprangen mir auf goldenen, leisen Füßen zierlich nach, machten mich reich, leicht, sorglos und zuversichtlich. Und wie war die abendliche Straße so herbstfeucht und weich. Schon legte einiger weißlicher Nebel sich in Streifen und Geisterlinien über die benachbarten Wiesen, die zu schweben schienen, und aus den Fenstern der stillen Häuser strahlten da und dort bereits die Lampen. Dunkle Menschengestalten! und alles rund herum so tief, so uralt schön, so still, so schwarz und lautlos.

Ich trat ins nächste Gasthaus, wo ich mir ein hübsches, gesundes, gutes, reichliches, tapferes, braves, wehrhaftes, leichtes Abendessen auftischen und auftragen ließ. Ein ähnlich wie ich fahrender und reisender Handwerksbursche verzehrte ein ähnliches Essen. Wie appetitlich und heimelig war die dunkelgetäfelte Gaststube, und wie freundlich-herablassend war die gute mitmenschliche Wirtin. Ich ließ mir ein Zimmer geben, selbstverständlich kein fürstliches, sondern nur ein ganz vernünftiges, mäßiges, zweckentsprechendes, bescheidenes und fand dasselbe voll Äpfelgeruch und frischer Herbstluft, und köstlich schlief ich im guten Bett. Im Traum erquickte ich mich an allerhand unerhörten Kühnheiten und Schönheiten.

Am andern Morgen sah ich die Äpfel zerstreut am Boden liegen; ich brauchte nur emsig aufzulesen und mutig zuzubeißen. Göttlich schön aber war die Aussicht aus dem Fenster. Ich steckte den Wanderkopf mit unaussprechlicher Lust an die mädchen- und jünglingfrische, himmlisch reine, zarte Morgenluft hinaus und schaute und atmete voll Wonne, voll Entzücken die grüne, goldig-fröhliche Landschaft an und in mich hinein. Feiner, weißer, bläulicher Hauch lag über der Welt; Kühle und Wärme stritten miteinander. Grün und Blau und Gold, Sonnigkeit und Heimlichkeit gaben das schönste Gemälde ab; dazu war es Sonntag, und um alle weichen, grünen, märchenerzählenden Hügel herum klangen die lieben, milden, Streit, Unruh und Unzufriedenheit versöhnenden Sonntagsglocken.

Bald war ich wieder auf meiner bevorzugten und beliebten Landstraße und marschierte mit neu gewonnenen Kräften weiter. Gegen Mittag betrat ich ein Städtchen. Alles war so schön und fein herausgeputzt darin, alles glänzte, lächelte und fächelte sonntäglich, träumerisch-feierlich, derart, daß ich mir im besagten Wanderkleid fast wie ein Räuber, wie eine Art Rinaldini erschien. Stieß nicht eine hübsche junge Dame, als sie an mir vorübergehen wollte, einen leisen Schreckensschrei aus, und erwies sich das Mädchen etwa nicht als meine Cousine? Freilich!

Es gab ein Grüßen, Ausfragen, Lachen. Hierauf zog sie mich in ihr Elternhaus hinein, wo ich vor ihre Mutter, meine Tante, gestellt wurde. Dann gab es ein gutes Mittagessen. Nachmittags lernte ich neue und andere Leute mit Geschwindigkeit kennen, selbige Leute natürlich ihrerseits auch mich. Über Nacht blieb ich im Haus.

Als ich am nächsten Morgen fortlaufen und Abschied nehmen wollte, bot mir die Tante mit vieler liebreicher Freundlichkeit einen andern Anzug an, weil der meinige, wie sie ernsthaft versicherte, doch wohl nicht mehr so recht als die Spitze des Passenden und Gebräuchlichen angeschaut und betrachtet werden könne.

»Er paßt mir aber herrlich, liebe Tante«, rief und entgegnete ich voll Feuer, »und ich muß Sie bitten, mir doch um Gotteswillen nicht zu zürnen, wenn ich Ihr sicherlich herzlich gut gemeintes Anerbieten ablehne. Ich nehme mir Dreistigkeiten, Unfolgsamkeiten heraus, nicht wahr; aber sehen Sie, dieser wunderliche Anzug ist ein Stück meines eigensten Wesens, und wenn er nun auch ein wenig närrisch, toll und dumm aussieht, so kann das ja ganz und gar nichts schaden. Liebe Tante, ich will von Herzen gern ein wenig abstechen und nach Wunderlichkeit aussehen. Diesen meinen scheinbar ein wenig verrückten Anzug habe ich freiwillig gewählt, und nun soll er auch ehrlich an mir hängen und haften bleiben, wenn mir aus Festigkeit und Beharrlichkeit noch so viel Widerwärtiges und Unangenehmes erwachsen mag. Ich soll mich nicht davor fürchten, Eigenart zu zeigen und Eigentümlichkeiten zu offenbaren. Wohin, in welchen traurigen Abgrund von Zweifelhaftigkeit würde mich solches bängliches, zaghaftes, wankelmütiges, schwächliches Wesen führen. Was für Schmähungen, Verleumdungen, Treulosigkeiten durch mich selbst und an mir selbst begangen, müßten daraus entstehen. Ein Mensch habe den Mut sich zu geben und zu tragen, wie er einmal ist. Da ich einmal selber wie mein Äußeres bin, so lügt wenigstens mein Kleid nicht, und wenn irgend jemand bei meinem Anblick sich denkt, daß ich sicherlich ein merkwürdiger Geselle sei, nun, so mag er meinetwegen recht haben. Was kann mich das weiter kümmern? Besten und schönsten Dank immerhin, daß Sie mich neu haben ausstatten wollen. Ich will indes glauben und fest überzeugt sein, daß ich mich im Gewande solch hergebrachter guter Sitte einstweilen durchaus nicht wohl, sondern nur unwohl und unbehaglich fühlen würde. Vielleicht werde ich selber einmal mit den Jahren dazu kommen, meinen Eigensinn wenn nicht völlig abzulegen und fortzuwerfen, so doch abzuschwächen. Ich glaube, daß einmal eine solche Zeit für mich kommt. Nun wohl, ich möchte mich nicht übereilen; denn Jugendlichkeiten sind ein Besitztum und Eigentum der Jugend. Heute bin ich noch toll. In zehn Jahren kann es vielleicht anders sein. Was aber dann? Was Gutes und Rechtes werde ich mir als Ersatz des Verlorenen und Abgestreiften alsdann angeeignet haben?«

So oder ähnlich redete ich, und indem ich der Tante für ihre Freundlichkeit mit ihrem guten Willen nochmals Dank sagte und sie um gütige Verzeihung bat, daß ich eigener Meinung zu sein, eigenes Gefühl zu haben und eigene Anschauung zu nähren wagte, nahm ich Abschied von ihr und ging voller Fröhlichkeit und voll froher Zuversicht weiter.

(1915)

KLEINES LANDSTRASSENERLEBNIS

Zu anderer Zeit und bei anderer Gelegenheit wanderte ich einmal im Winter, nämlich natürlich bloß zu Fuß, zu meinem Bruder, der sich dazumal in einer kleinen Landstadt aufhielt, wo er die Aufgabe hatte, einen Tanzsaal mit Wandmalereien zu verzieren. Trotz der kalten Jahreszeit trug ich nur einen ganz dünnen, leichten Anzug; dicke und schwere Stoffe kümmerlich und mühsam mit mir herumzuschleppen würde ich als grobe Belästigung, als überflüssiges Übel empfunden haben. Hemd und Hut vermochten vielleicht einigen leisen und zarten Zweifel zu erregen; beides besaß etwas Leichtes, Luftiges und Lumpiges, und was die Miene betrifft, die ich mit mir trug, so gestehe ich gerne, daß ich noch auf keiner Fußwanderung ein anderes als keckes und sorgloses Gesicht zur Schau getragen habe.

Die Straße war nicht sonderlich sauber. Dieser Umstand oder Übelstand hinderte mich jedoch in keiner Weise, sie zu preisen, nämlich die Landstraße und den Fußgänger glücklich zu schätzen, der wohlgemut auf ihr marschierte, nämlich mich selber.

Einem scharfsichtigen, vorsichtigen Landjäger, der mir in einer Ortschaft begegnete, gefiel ich jedoch bedauernswerterweise weniger gut und machte ich unglücklichermaßen, d. h. leider Gottes keinen so vorzüglichen Eindruck wie mir selber. Die überraschende Wanderburschenerscheinung schien ihn zu verblüffen und nötigte oder veranlaßte ihn, mich anzuhalten und mich zu bitten, ihm gütig zu folgen. In eine Art löbliches, obrigkeitliches Gemach oder Zimmer brachte er mich, wo ich seinem Vorgesetzten, einem anscheinend eher grimmigen als gütigen und doch auch scheinbar wieder eher freundlichen als gefährlichen und weit eher gutmütigen als entsetzlichen Menschen, als mutmaßlicher anmutlicher Tunichtgut vorgestellt wurde.

Mit finsterer Stimme forderte man mich auf, mich gefälligst zu setzen, worauf man begann, mich zu fragen, was ich zu Fuß im offenen Land herumzulaufen habe.

»Ich scheine bei Ihnen in keinem günstigen Licht zu stehen«, sagte ich; und man fand den Mut, mir zu entgegnen: »Nicht im mindesten.«

»Sie befinden sich aber sehr wahrscheinlich in einem Irrtum«, wagte ich hinzuwerfen, »wenn Sie glauben, daß Sie es in mir mit einem alltäglichen Vagabunden zu tun haben könnten. Ich möchte mir erlauben, Ihnen zu raten, mich mit etwas größerer Genauigkeit anschauen zu wollen. Sie gelangen dann vielleicht zu der für uns beide sicherlich überaus angenehmen Empfindung, daß ich ebenso leicht, wenn nicht leichter, ein honetter und ehrlicher Mensch als verwegen und ein Gauner sein kann. Ich bin überzeugt, daß ich entschieden nicht bin, wofür Sie vielleicht sich verpflichtet fühlen möchten mich zu halten. Ganz ebenso gut wie irgend ein anderer hätte ich mit der Eisenbahn reisen können. Da ich aber ein lebhafter Freund tagelangen, meilenweiten Herumschlenderns und Marschierens bin, so habe ich vorgezogen, zu Fuß zu gehen, was doch wohl nicht gut als Sünde betrachtet und mithin wohl auch nicht ohne weiteres verdächtig gemacht werden kann. Erscheinen Freude am Wandern und was damit aufs schönste verknüpft ist: Liebe zur Natur Ihnen etwa verdächtig? Bitte erklären Sie sich freundlich.«

»Sie kommen uns etwa verdächtig genug vor, mein Herr«, hieß es unverfroren; aber nach Verlauf einer halben Stunde, die mit emsigem Forschen in allerhand Akten und Papieren und fleißigem Einziehen von Erkundigungen redlich ausgefüllt wurde, ließ man mich ziehen, indem man mir sagte: »Sie können gehen.«

Das war hochwillkommener, niedlicher, artiger Bescheid. Ich machte von gnädiger Erlaubnis ohne Zögern Gebrauch und zog fort, und so konnte ich denn eine gewagte, schwierige, deswegen aber nicht minder hübsche, schöne, günstige, heitere Wanderung fortsetzen und beendigen und langte noch frühzeitig genug in der kleinen Landstadt an, damit alles bestens klappe und passe, und in der Tat saßen die Brüder zu guter Stunde fröhlich dann am Nachteßtisch beisammen.

(1916)

Sonntag war's, da ging einer lustwandeln. Während er so ging, erlabte er sich an Kunstblättern, die er irgendwann und -wo ausgestellt gesehen hatte, und an Gedichten, deren Wortlaut ihm im Gedächtnis geblieben.

»Guten Tag« sprach ihn einer gesetzt und ernsthaft, doch immerhin freundschaftlich an: »Wann kommt dein neues Buch endlich heraus?«

»Geduld«, erwiderte der Betroffene, und er fügte bei, ihn dünke Mensch sein und spazieren so schön, wie am Schreibtisch sitzen und Bücher erfolgreich absetzen.

An weidender Kuhherde vorbei ging es in sanftem Sonnenschein weiter in die Heiterkeit einer appetitlichen Landschaft hinein. Zwei Kätzchen ließen sich's auf einem Baum sichtlich wohl sein. Aus einem Fenster schaute eine Frau, die sprach:

»Wer du auch sein magst, hilf mir, ich soll nicht mehr jung sein. Man mißgönnt mir den Genuß des Lebens, will mich in's unabweisliche Alter stoßen.«

»Wer tut das?«

»Meine eigenen Kinder.«

Der Poet, als solchen wird man ihn erkannt haben, gab zur Antwort: »Sei ruhig, lebe gesetzt, sei weise, das übrige wird sich von selber machen.«

Blumen prangten noch in den ungezwungen angelegten Gärtchen. Nach einer Weile ging es hübsch bergan. Da saßen in ihrem Park Herrschaften; Kinder vergnügten sich beim Spiel; Tannen umstanden ein würdig aussehendes Haus gravitätisch; hinter einer Scheibentüre stand ein sauber gekleidetes Dienstmädchen. Fenster standen offen, und er, der das sah, dachte:

»Hier würd' ich auch ganz gern wohnen und Ruhe kosten

wollen. Als Entgelt rezitierte ich etwa eine Novelle, freisinnig und dabei so höflich wie möglich.«

Daß er immer phantasiert, gedichtet haben mußte beim Spazieren! Aber gerade das machte ihm ja Genanntes reich und immer wieder angenehm. Dicht am Waldrand stand ein Bauernhof, ein Wohnhaus daneben mit bescheidener Schusterwerkstätte, und im Wald war zarte Stimmung genug.

Wieder auf freiem Feld, sah er Leute in sonntäglicher Beschaulichkeit vor einem Anwesen sitzen und hörte jemand die Nase mit dem Tuche putzen, daß es trompetete. Unten im Dörfchen schallten sodann regelrechte Trompeten, eine Musikgesellschaft marschierte einher, und hier fiel unserem Wanderer etwas Vorzügliches ein, er könnte sich zu einem Z'vieri einladen.

Gesagt, getan, und bald trat er in ein Gasthaus; schon das Eintreten belustigte ihn. »Fräulein, ich wünsche nichts als *Café complet* und nehme an, daß dem Begehren nichts im Weg steht.« Das Mädchen lächelte, und ihm kam vor, die ganze Stube tue das ebenfalls, weil er so friedlich auftrete und so burschikose Ansprüche stelle.

Der Wirt las in einem Büchlein. Die Wirtin, eine stattliche Frau, besorgte, an einem Tischchen sitzend, irgendwelches Geschäftliches. Zwei Tische waren mit Familien besetzt. Einer der Gäste warf ein Gespräch auf, das zu Rede und Gegenrede lebhaft Anlaß gab und sich zur munteren Debatte gestaltete, die sich über das Sektiererwesen verbreitete.

»Unter den Stündlern,« meinte der Wirt, »gibt es keinen braven Mann.« Die Frau, indem sie aufs Büfett zuschritt, wobei sie ihre Erscheinung recht zur Geltung brachte, was sie um so eindrucksvoller tat, je weniger sie's zu beabsichtigen schien, mahnte ihren Gatten, halb ernsthaft, halb lachend, bezüglich dessen, was ihn sein aufrichtiges Dafürhalten reden ließ, an die Dienlichkeit von etwas mehr Vorsicht, indem sie anmerkte, daß sogar die Frau Doktor mitunter die Versammlungen besuche.

Dem sowohl horchenden wie essenden Poeten gefiel das liebliche, kluge Verhalten der Wirtin sehr, von der er dachte: ihr Benehmen entspricht ganz ihrem schönen Äußern, sie begegnet weder ihrem Gemahl schroff, noch läßt sie ihn ohne Ablenkung über einen Teil seiner Mitbürger allzu abfällig urteilen.

Einem ihn anbettelnden Hund mit zottigem Fell gab er ein Stück Brot, das zuerst verschmäht, hernach aber, in Erwägung vielleicht, daß eine Begrenzung dem Begnügen mit einem Nichts vorzuziehen sei, gutgeheißen und artig verzehrt wurde.

Beim Fortgehen bedankte sich die Wirtin, er erwiderte, dazu liege keine Ursache vor, ging durch's Dorf, begegnete singenden Jungen, langsam daherschreitenden Bejahrten, hob hie und da den Kopf, ließ den Anblick der Gegend auf sich einwirken und kam auf Haupt- und Nebenwegen zu einer Dame, die anscheinend gebildet, das heißt belesen war, und die dennoch die Hände rang und sprach:

»Ich bin geplagt, obschon ich wohlhabend bin. Mein Sohn gehorcht mir nicht.«

»Das rührt wohl daher, weil Sie ihm nichts vorzuschreiben wagen. Seien Sie ihm eine wahrhaftige Mutter, dann wird es ihm an Respekt vor Ihnen nicht fehlen.«

»Eben das bring' ich nicht fertig.«

»Dann kann Ihnen niemand helfen«, und er entfernte sich schleunig vor ihr, wie vor einer Verschuldeten, die um ein Darlehen bittet.

Sich allerlei Gedanklichkeit aus verschiedenen Gebieten eigenwillig überlassend, kam er auf eine rings Umschau gewährende, mit Baulichkeiten reichlich geschmückte Anhöhe und stand hier eine ruhig bemessene Zeit lang vor dem Denkmal eines Mannes still, zu dessen vernunftvollem Gesicht, teilnehmend-erklärendem Wesen zwei Kinder vertraulich-gläubig emporblickten.

Es war das Denkmal eines Erziehers, und der Spaziergänger sprach zu sich: »Noch hab' ich wenig oder keine Guttaten zu verzeichnen. Das sollte mich verstimmen. Doch gönne ich den Großen ihren Ruhm zu gern, als daß mich ihre Gestalten entherzten. Ich lebte bisher, wie ich's für recht und billig ansah, und fürchte mich vor der Möglichkeit nicht, daß man mir bewiese, ich hätte mich geirrt, denn mit Fug sag' ich: Irren ist menschlich. Doch seh' ich ein, es sei schön, sich edler Auffassung anzupassen und sich die Lebenslust um Erfüllung von Aufgaben zu schmälern, glücklich sein auch in anderer Form zu begreifen, als guter Laune zu sein, sich nicht von letzterer abhängig zu machen, stündlich um sie fürchtend, um ihre Erhaltung besorgt, nein, sie vielmehr bloßlegend, eigenes Glück hingeben und es vielleicht darum zurückgewinnen.«

Man sieht, daß er zugab, es fehle ihm noch an Einsicht, er traute sich aber den Geist der Ausführung zu.

(1925)

AUSFLUG AUFS LAND

Von einem zarten Rechtsanwalt vernehmend, man dürfe so ungerecht sein, als man Lust habe, man sei zum Erobern geboren, abenteuerte ich eines Tages auf heißer und weißer Landstraße, die schneeweiß vom Staub war, der auf ihr lag, ins sorgenvoll und doch auch wieder kummerlos lächelnde Grüne hinaus, mich mit Handschuhen versehen habend und fröhlich und wohlgemut ausrufend: »Ich bin ein Anhänger alles Gesunden und schreibe hoffentlich bald über die hohe Wichtigkeit des Vorhandenseins der Herzlichkeit in den Brüsten der Menschen einen ellenlangen, schlanken, korrekten, nicht zu dicken und nicht mageren, nicht zu gescheiten und nicht zu unbesonnenen, ruhigen und formvollendeten Aufsatz.« Meine so sehr nach Anständigkeit aussehende Hornbrille für einen Moment von der Nase, auf der sie ruhte, herunternehmend und sie sorgfältig putzend, erreichte ich, ins Himmelsblau hinaufschauend, und hie und da ein Schokoladentäfeli in die Öffnung hineinsteckend, die man mit dem Namen Mund kennzeichnet, einen rührenden Auftritt, der sich mitten auf der Straße abspielte, indem ein mit blonden Locken geschmückter, anscheinend überaus lieber junger Mann wie die Dienstfreudigkeit selbst ein Pferd mit jäh zufassender Hand aufhielt, das mit dem Wagen gleichsam durchbrannte, worin eine Dame saß, die sich durch das Tragen eines Wunders von Biedermeierkostüm denkbar vorteilhaft von der Landschaft abhob, die zu dem, was da vorfiel, ein erstauntes Gesicht, so ein Obstbaum- und Wiesengesicht, machte. Äcker schienen sich ins Unendliche auszudehnen; Häuser wiesen braune, gelbe, und, was Dächer betraf, rote Farbentöne auf, und nun sah ich, wie die Dame, mit vom Schrecken her, den sie ausgestanden hatte, noch etwas bleichem Antlitz, dem ritterlichen Hinzuspringer und retterlich veranlagten Zügelanpacker artig dankte, indem sie ihm zum Andenken an seine schöne Tat sowohl ein Strumpfband schenkte, das sie sich mit unaussprechlich anmutiger Bewegung abschnallte, als sodann einen Kuß auf die Jünglingsstirne drückte. Nachdem einerseits der Kutscher fortgefahren und anderseits die Summe von Tugendhaftigkeit, dieses Erzeugnis offenbar redlichster Eltern, das Ergebnis einer gewiß vorzüglichen Erziehung, weitergewandert war, wanderte auch ich weiter, indem ich wandervögelige, überschwängliche, freiheitliche Liedchen vor mich hinpfiff, wodurch sich dieser und jener Bauer veranlaßt sah, sich über mich zu wundern. Tannenwälder brummten brummbärenhaft irgend etwas, was mir unverständlich blieb, in ihre dunkelgrüne Ernsthaftigkeit hinein. Ein Ulan aus der Glanzzeit eleganten Spielens mit dem Soldatentum ritt und sprengte auf seinem Klepper oder Roß an mir vorüber, als wolle er eine Maschinengewehrabteilung überreiten, um dazu vielleicht noch einige Haubitzen zu überwinden. Auf einem Hügel ließ es sich natürlich wieder einmal einer jener Menschen wohl sein, die man Dichter nennt und die hauptsächlich auf die Welt kommen, um mit allem, was sich darauf befindet, hübsch einverstanden zu sein, dadurch, daß sie fortgesetzt schwärmen und es in einem fort schön haben, während andere in den Büros sitzen und schwitzen. Ich warf ihm eine Idee zu; er besaß aber so viele eigene Ideen, daß er, was ich ihm gab, entbehren konnte. Sehr originell erschien er mir, und nachdem ich diese Beobachtung gemacht hatte, schritt ich in der Schrittart eines von Holbein gezeichneten Landsknechtes markant weiter und befand mich um vier Uhr nachmittags in einem Städtchen, während vielleicht jetzt durch größere Städte Größen und Berühmtheiten durch eine Menschenmenge schritten, in welcher sie total, wie man sagen kann, verschwanden. In einem Wirtshaus, in das ich einkehrte, sah ich mich recht rasch beschäftigt, eine an Goyamalerei mahnende Putzfrau mit Artigkeiten zu überhäufen. Beweise von Fähigkeiten auf dem Gebiet der Galantheit abgelegt habend, studierte ich nun das Bild eines Sohnes von Napoleon, das an der Gaststubenwand hing. Abends saß ich in einer Dilettantenvorstellung, die mir um ihres frischen Spieles willen, das mit Urwüchsigkeiten gespickt war, sehr gut gefiel. Man kann ziemlich ungeschickt und dennoch sehr gut spielen. Man kann ohne Routine sein und mit diesem Mangel einen Erfolg haben, der den Vorzug hat, daß er echt ist. Können kann Schablone sein. Wie wenig Leben hat diese.

(1926)

Über Feld und durch Wald ging's, und obschon vielleicht hie und da der Weg ein wenig staubig war, traf ich dennoch den bequem an eine Hecke liegenden Eingeschlafenen an, der sich auf sein Müßig- und Untätigsein etwas einzubilden schien; denn er machte meiner Rüstigkeit gegenüber eine ablehnende, geringschätzige Bemerkung.

Indem ich mich durch die Freundlichkeit, womit mich eine behäbige Landfrau beim Weiterschreiten gegrüßt hatte, ermutigt fühlte, widmete ich der Landschaftspracht meine Aufmerksamkeit und kam nach und nach zum Hause des Belesenen, der mit der Ausdehnung und Mannigfaltigkeit dessen, wovon er im Laufe der Tage und Nächte, die vorbeigegangen waren, Notiz genommen haben mochte, anscheinend nicht viel anzustellen wußte. Er machte den Eindruck auf mich, er habe überhaupt noch nie ein Buch zur Hand genommen und wünsche endlich einmal den Inhalt eines solchen behaglich kennenzulernen.

An die menschlichen Widersprüche denkend und die Vergeßlichkeit anerkennend, die man ebensogut mißbilligen kann, erreichte ich ein Stattlichkeit verkündendes, genügsames, niedliches und doch auch wieder ziemlich imposantes Dorf, in dessen Friedhof ich eine elegante, fremdartige Herrenerscheinung melancholisch vor einem zierlich mit gewinnenden Gewächsen geschmückten Grab stehen sah. Zu was für Bekanntschaften man wandernd gelangen kann! »Wem erweisen Sie hier eine wehmütige Achtung?« fragte ich den Mann, der mit dem Hut in der Hand sorgsam dastand. »Der Geduld, die während ihres irdischen Vorhandenseins die Zielscheibe meiner Ungeduldigkeiten sein sollte«, gab er rätselhaft, doch durchaus nicht unartig, zur Antwort, mit der ich mich bemüht fand, mich zu befriedigen, und die ich mit mir forttrug, als besitze sie einen gewissen Wert und bilde eine angenehme Begleitung.

Im Gasthaus wurde getafelt, disputiert und getanzt. Gewissermaßen ging es hier hoch her, um so eher, als sich in der Schar der bäuerlich anwesenden Töchter etliche Hübschigkeiten blicken ließen. Die Musik schien teils sentimentalen, andernteils unempfindsamen Ursprungs zu sein. Wie einer, der in Kränklichkeitszuständen glücklicher zu sein vermochte, als wenn er von lauter Gesundheitsumständen und alltäglichen Gewöhnlichkeiten umgeben wäre, näherte ich mich einem Mädchen und bat sie, mir zu sagen, wer sie sei. Weil ich ihr allem Anschein nach gefiel, indem meine Aufführungsweise Bildung an den Tag legte, gestand sie mir belustigt sowohl wie ländlich-pathetisch, als sei sie eine Figur aus einem dilettantischen Melodrama, sie ginge gern mit spazieren, was wir in der Tat zusammen ausführten.

Hätte ich denken dürfen, meine Wanderschaft fände ihren Abschluß im Umschlingen einer Taille? Sie fiel mir nach einigem Umhergehen am Ufer eines Flüßchens um den Hals. Gewiß ist das Ziehen ohne eigentliche Absicht bis zum sich naturgemäß einfindenden, erwünschten Ziel schön.

(1930)

SONNTAGSAUSFLUG

Eine Eisenbahnfahrt frühmorgens hat etwas Vielversprechendes. Man sitzt gemütlich unter allerlei gesitteten Leuten, denen man sympathisch ist, weil sie einen nicht näher kennen. Wie das fröhlich durch die Luft saust! Wölkchen flattern unbesorgt dem Zug nach. Wasser und Land zeigt sich dem Blick. Gegenstände nähern, entfernen sich. In der Schnelligkeit liegt etwas Beglückendes. Bei einem Städtchen steigt man aus. Der Sonntag ist warm; eine originell gekleidete Frau geht über die Straße. Ich besteige sehenswürdigkeitsbesichtigend einen mittelalterlichen Turm und finde die Aussicht blendend. In meiner Tasche befindet sich ein kleiner Unterhaltungsroman, den ich in einer Bahnhofhalle kaufte. In einem Birkenwäldchen ist es nach einer Stunde erfrischend, auszuruhen. Ich habe Proviant mitgenommen, den ich jetzt verzehre. Auf einer Anhöhe gerate ich in ein Gasthaus, worin sich eine Hochzeitsgesellschaft, sorgsam frisiert und zum Teil weiblich beblümelt und zart verschleiert, an Tischen aufhält, die ländlich-derb aussehen. Fliegen summen im sommerlichen Zimmer. Gesprochen wird nicht viel, bloß hie und da ein bißchen gelächelt. Die Gesichter haben rote Flecken und sind charaktervoll, und dann geht's weiter, hinab und hinauf an Feldern, Äckern, blühenden Blumen und dem Getön vorbei, das die Bläue begleitet. Wie ist die Welt beim Spazierengehen gut und schön! In einer Schlucht glitzert ein Bach. Mein Ausflugsziel ist ein Renaissanceschloß, das sich nun vor meinen Augen gestaltig, gewaltig emporzuheben beginnt, mit Zieraten, Türmen. Ich gehe über eine ausdrucksvolle Brücke und trete in den ausgedehnten Schloßhof, wo ich eine Dame in einem Korridor stehen sehe. Sie steht unbeweglich und blickt mich durchs Glas an, ohne mich zu beachten, wachsfigurenhaft anmutend. Inzwischen ist ein feingekleidetes Mädchen graziös und mit geziemendem Stolz, ihr Röckchen mit den behenden Beinen schüttelnd, über den Hof gegangen, und ein alter Diener, dessen Erscheinung eine achtungweckende ist, kommt in einem Türrahmen zum Vorschein, der reizend und reich ornamentiert ist. Ich stehe staunend eine Weile vor all der vornehmen Architektur still; dann besuche ich gemächlich den Park, der sich vor dem Sonntagspublikum nicht verschließt, vielmehr ruhig gestattet, daß man ihn anschaut, es sich auf seinen zahlreichen lieblichen Wegen hin und her gehend wohl sein läßt. Ein Pavillon schmückt einen Hügel mit eleganten Säulen und seinem pittoresken Dach. Ich komme mir beinahe in eine Unwirklichkeit versetzt vor, wie es Knaben zur Jugendzeit des Lebens geht, die in Ländern, Gegenden leben, die nirgends als in interessanten Büchern existieren. Hoch ragen Laubbäume in die herrliche, luftige Höhe. Allmählich wird's Abend; Singvögel singen gefühlvoll, und ein Schwan schwimmt auf einem runden, seeartigen Gewässer sanft daher. Wie üppig die Wiesen sind, wie schön dies Besitztum aussieht!

Bald führt mich die Bahn dorthin zurück, von wo ich ausflog.

(1932/1933)

II
»ER GING DEN BERG HINAUF«

SEBASTIAN*

Am nächsten Morgen trat Simon in einem kurzen, dunkelblauen Mantel, mit einem zierlichen, unbehülflichen Stöckchen in der Hand, aus dem Hause heraus. Ein dicker, schwerer Nebel empfing ihn und es war noch vollständige Nacht. Nach einer Stunde aber erhellte es sich, als er auf einer Anhöhe stand und auf die große Stadt zu seinen Füßen zurückblickte. Es war kalt, aber die Sonne, die eben jetzt feurig und hellrot über den verschneiten Büschen und Feldern emporstieg, versprach einen wundervollen Tag. Er blieb in den Anblick des immer höher fliegenden roten Balles gebannt und sagte sich, daß die Sonne im Winter noch drei Mal so schön sei, wie eine Sonne mitten im Sommer. Der Schnee brannte bald in dieser eigentümlich hellroten, warmen Farbe, und dieser wärmende Anblick und die wirkliche Kälte dazwischen wirkten belebend und anspornend auf den Wanderer, der sich auch nicht allzu lange mehr aufhalten ließ, sondern tüchtig weiterschritt. Der Weg war derselbe, den Simon damals in der Herbstnacht gegangen war, er hätte ihn jetzt beinahe schlafend gefunden. So lief er den ganzen Tag. Im Mittag spendete die Sonne schöne Wärme auf die Gegend herab, der Schnee wollte schon wieder zerrinnen, und das Grün blickte an einigen Stellen naß hervor. Die rieselnden Quellen verstärkten den Eindruck der Wärme, aber gegen Abend, als der Himmel in dunkelblauer Farbe prangte und der rote Schein der Sonne sich über dem Bergrücken verlor, wurde es auch gleich wieder grimmig kalt. Simon stieg wieder den Berg hinauf, den er schon einmal, aber in wilderer Hast, in der Nacht erklommen hatte; der Schnee knirschte unter seinen Schritten. Die Tannen waren so voll mit Schnee beladen, daß sie ihre starken Äste herrlich zur Erde niederhängen ließen. Ungefähr in der Mitte des Aufstieges sah Simon plötzlich einen jungen Mann mitten im Wege im Schnee daliegen. Es war noch so viel letzte Helle im Wald, daß er den schlafenden Mann ins Auge fassen konnte. Was veranlaßte diesen Menschen, sich hier in der bitteren Kälte und an einer so einsamen Stelle im Tannenwald niederzulegen? Des Mannes breiter Hut lag quer über dessen Gesicht, wie es oft im heißen, schattenlosen Sommer vorkommt, daß ein Liegender und Ausruhender sich auf diese Weise gegen die Sonnenstrahlen schützt, um einschlafen zu können. Das hatte etwas Unheimliches an sich, dieses Gesichtverdecken mitten im Winter, zu einer Zeit, wo es wahrhaftig keine Lust konnte genannt werden, es sich hier im Schnee bequem zu machen. Der Mann lag unbeweglich und schon fing es an, immer dunkler im Walde zu werden. Simon studierte des Mannes Beine, Schuhe, Kleider. Die Kleider waren hellgelb, es war ein Sommeranzug, ein ganz dünner und fadenscheiniger. Simon zog den Hut von des Mannes Gesicht, es war erstarrt und sah schrecklich aus, und jetzt erkannte er auf einmal das Gesicht, es war Sebastians Gesicht, kein Zweifel, das waren Sebastians Züge, das war sein Mund, sein Bart, seine etwas breite, gedrückte Nase, seine Augenbildungen, seine Stirn und seine Haare. Und er war hier erfroren, ohne Zweifel, und er mußte schon etliche Zeit liegen, hier am Wege. Der Schnee zeigte hier keine Fußspuren, es war also denkbar, daß er schon lange liege. Gesicht und Hände waren längst erstarrt, und die Kleider klebten an dem erfrorenen Leib. Sebastian mochte hier, durch große, nicht mehr zu ertragende Müdigkeit, hingesunken sein. Allzukräftig war er nie gewesen. Er ging immer in gebückter Haltung, als ertrüge er die aufrechte nicht, als täte es ihm weh, seinen Rücken und seinen Kopf stramm zu halten. Wenn man ihn ansah, empfand man, daß er dem Leben und seinen kalten Anforderungen nicht gewachsen war. Simon schnitt Tannenäste von einer Tanne und bedeckte den Körper damit, doch zog er vorher noch ein kleines dünnes Heft aus der Rocktasche des Toten, das dort hervorgeschaut hatte. Es schien Gedichte zu enthalten, Simon unterschied die Schriftzeichen nicht mehr. Es war mittlerweile völlige Nacht geworden. Die Sterne funkelten durch die Lücken der Tannen und der Mond schaute in einem schmalen, zierlichen Reifen der Szene zu. »Ich habe keine Zeit,« sagte Simon still vor sich, »ich muß mich beeilen, daß ich die nächste Stadt noch erreiche, ich würde sonst keine Bangigkeit verspüren, noch etwas längere Zeit bei diesem armen Kerl von Toten zu verweilen, der ein Dichter und Schwärmer war. Wie nobel er sich sein Grab ausgesucht hat. Mitten unter herrlichen, grünen, mit Schnee bedeckten Tannen liegt er. Ich will niemandem davon Anzeige erstatten. Die Natur sieht herab auf ihren Toten, die Sterne singen leise ihm zu Häupten, und die Nachtvögel schnarren, das ist die beste Musik für einen, der kein Gehör und kein Gefühl mehr hat. Deine Gedichte, lieber Sebastian, will ich in die Redaktion tragen, wo man sie vielleicht lesen und dem Druck übergeben wird, damit von dir wenigstens dein armer, funkelnder, schönklingender Name der Welt erhalten bleibt. Eine prachtvolle Ruhe, dieses Liegen und Erstarren unter den Tannenästen, im Schnee. Das ist das beste, was du tun konntest. Die Menschen sind immer geneigt, derartigen Käuzen, wie du einer warst, weh zu tun und ihre Schmerzen zu verlachen. Grüße die lieben, stillen Toten unter der Erde und brenne nicht zu sehr in den ewigen Flammen des Nichtmehrseins. Du bist anderswo. Du bist sicher an einem herrlichen Ort, du bist jetzt ein reicher Kerl, und es verlohnt sich, die Gedichte eines reichen, vornehmen Kerls herauszugeben. Lebe wohl. Wenn ich Blumen hätte, ich schüttete sie über dich aus. Für einen Dichter hat man nie Blumen genug. Du hattest zu wenig. Du erwartetest welche, aber du hörtest sie nicht über deinem Nacken schwirren, und sie fielen nicht auf dich nieder, wie du geträumt hast. Siehst du, ich träume auch viel, und viele, viele Menschen, denen man es nicht zutrauen würde, träumen, aber du glaubtest, ein Recht zu haben auf das Träumen, während wir andere nur träumen, wenn wir uns recht elend vorkommen, aber froh sind, es einstellen zu können. Du verachtetest deine Mitmenschen, Sebastian! Aber, Lieber, das darf sich nur ein Starker erlauben, und du warst schwach! Doch ich will nicht dein heiliges Grab gefunden haben, um es zu beschmähen. Was weiß ich, was du gelitten hast. Dein Tod unter den offenen Sternen ist schön, ich werde das lange nicht vergessen können. Ich will Hedwig dein Grab unter diesen edlen Tannen schildern, und ich werde sie damit weinen machen. Die Menschen werden wenigstens noch deine Gedichte lesen, wenn sie mit dir doch einmal nichts anzufangen wußten.« – Simon schritt von dem Toten weg, warf einen letzten Blick auf das Häufchen Tannenäste, unter denen jetzt der Dichter schlief, wandte sich mit einer schnellen Drehung seines schmiegsamen Körpers von dem Bilde ab und lief, was er konnte, im Schnee weiter, den Berg hinauf. Er mußte also zum zweiten Mal den Berg bei Nacht ersteigen, aber dieses Mal schauerten Leben und Tod heiß durch seinen ganzen Körper. Er hätte jubeln mögen in dieser eisigen, sternengeschmückten Nacht. Das Feuer des Lebens trug ihn vom sanften, blassen Bild des Todes stürmisch hinweg. Er spürte keine Beine mehr, nur noch Adern und Sehnen, und diese gehorchten biegsam seinem vorwärtseilenden Willen. Droben auf der freien Bergmatte genoß er den erhabenen Anblick der herrlichen Nacht erst ganz und er lachte laut auf, wie ein Knabe, der noch nie einen Toten gesehen hat. Was war denn ein Toter? Ei, eine Mahnung ans Leben. Weiter gar nichts. Eine köstliche zurückrufende Erinnerung und zugleich ein Treiben in die ungewisse, schöne Zukunft. Simon spürte, daß seine Zukunft noch recht weit und offen vor ihm liegen mußte, wenn er so ruhig mit Toten umgehen konnte. Es machte ihm eine tiefe Freude, diesen armen, unglücklichen Menschen noch einmal gesehen zu haben und so geheimnisvoll angetroffen zu haben, so schweigend, so beredt, so dunkel und ruhig und so vornehm fertig. Jetzt gab es gottlob über diesen Dichter nichts mehr zu lächeln und zu naserümpfen, bloß noch zu fühlen. – Simon schlief herrlich in einem Gasthausbett, nämlich in demselben Gasthaus, dessen Tanzsaal sein Bruder bemalt hatte. Den andern Tag benutzte er zu frischem Laufen auf beschwerlichen Straßen voll Schnee. Er sah immer einen blauen Himmel über sich, Häuser zu beiden Seiten der Straße, schöne große Häuser, die auf eine wohlhabende und stolze Landbevölkerung schließen ließen, Hügel mit schwarzen, zerzausten Bäumen besetzt, in die der blaue Himmel hineinkroch, und Menschen, die an ihm vorübergingen und solche, die mit ihm die gleiche Richtung liefen, die er aber überholte; denn er lief, während die andern gemächlich gingen. Als es Nacht wurde, ging er durch ein stilles, enges, sonderbares Tal, ganz von Wäldern umschlossen und voll Windungen und seltsamer Ausblicke in erhöhte Dörfer, wo die Nachtlichter brannten und die Menschen spärlich umherliefen. Da ihn nun doch eine ernstliche Müdigkeit zu plagen anfing, kehrte er im nächsten Gasthaus wieder ein. Die Wirtsstube war mit Menschen angefüllt und die Wirtin sah eher wie eine vornehme Frau aus feinem Haus aus als wie eine Wirtin, die Gäste bediente. Er verlangte schüchtern, was er begehrte, worauf ihn die schöne Frau mit seltsamen Blicken maß. Er aber war so müde, so zerschlagen, daß er nur froh war, als er bald darauf in sein Zimmer geführt wurde, wo er sich mit Wonne in ein eiskaltes Bett legte, um sogleich einzuschlafen. Der dritte Tag brachte ihn in eine schöne, mächtige Stadt, wo er nur ein Geschäft hatte: einen Redakteur ausfindig zu machen, um Sebastians Gedichte abzugeben. Vor dem ihm bezeichneten Hause angekommen, fiel ihm ein, daß es nicht klug wäre, selber hineinzugehen und Gedichte eines Totaufgefundenen abzugeben. Er schrieb daher auf den Umschlag des blauen Heftes den Titel: »Gedichte eines im Tannenwald erfroren aufgefundenen jungen Mannes zur Veröffentlichung, wenn es möglich ist«, und warf das Heft in den großen, plumpen Briefkasten, in den es hinunterprallte. Dieses getan machte sich Simon neuerdings auf den Weg. Das Wetter war milder geworden, Schnee wirbelte in großen, nassen Flocken auf die Straßen, zu denen hinaus es ihn drängte. Die unbekannten Menschen dieser Stadt sahen ihn so sonderbar groß an, daß er beinahe glauben mußte, sie kännten ihn, den völlig Fremden. Bald kam er zur eigentlichen Stadt hinaus in die vornehme Villenvorstadt, und zu dieser auch wieder hinaus, in einen Wald, auf ein Feld, auf ein anderes, wieder in einen kleineren Wald, dann in ein Dorf, in ein zweites und drittes, bis es Nacht wurde.

(1907)

EINSAM IN DER NACHT UMHERZUSPAZIEREN*

Joseph entschuldigte sich, er habe Kopfweh, er möchte noch ein wenig in der frischen Luft spazieren gehen. »So, der entzieht sich der Pflicht, und ich, ich muß dahocken,« schien Toblers Gesicht zu sagen, als er Joseph sich ausreden hörte.

Dieser flüchtete »an die Natur« hinaus. Der Mond beleuchtete zart und groß die ganze Umgegend. Irgendwo plätscherte ein Wasser. Er ging den Berg hinauf, zwischen den bekannten Wiesen hindurch. Die großen Wegsteine waren weiß vom Mondschein. In dem Baumdickicht tuschelte und zischelte und flüsterte es. Es war alles in einen duftenden, träumerischen Dunst getaucht. Vom nahen Wald her hörte er Käuzchengeschrei. Einige zerstreute Häuser, ein paar zaghafte Geräusche, und plötzlich da oder dort ein Licht, ein wandelndes, das irgend ein später Wanderer in der Hand trug, oder ein ruhendes, ein Licht hinter einem halbverdeckten Fenster. Welche Stille im Dunkel, und welche Weite im Unsichtbaren, welche Ferne! Joseph überließ sich vollständig seinen Empfindungen.

Plötzlich dachte er wieder an den »kuriosen Menschen«, der er sei. Was er denn eigentlich so Kurioses an sich hatte? Einsam in der Nacht umherzuspazieren, das war allerdings seltsam genug, dieses Vergnügen durfte man schon als kurios bezeichnen. Aber was weiter? War das alles? Nein, die Hauptsache war die: sein Leben, sein ganzes Leben, das bisher geführte und das vorauszuahnende zukünftige, das, das war kurios, und Frau Tobler hatte ganz recht, wenn sie bemerkte – – Diese Frauen, wie sie es verstunden, in den Herzen und Charakteren zu lesen. Wie talentiert sie waren, einem mit so einem einzigen Wort das Richtige und Treffende in die erstaunte Seele hinein zu sagen. Ein kurioser Kerl. Spaßhaft war das, nicht wahr? –

Trauernd um Vieles, Vieles ging er nach Hause.

(1908)

DER BERG

Ohne dich einer Anstrengung zu unterziehen freilich gelangst du nicht hinauf auf den schönen Berg. Doch ich bilde mir ein, daß du die Arbeit des Besteigens nicht scheuen wirst. Heller, warmer, ja sogar heißer, heiterer Sommermorgen, Sommervormittag ist es, und die Welt, soweit du zu schauen vermagst, besteht aus einem Meer, aus einem Strom, aus einem Hauch von Blau und Grün. Oftmals bleibst du eine kleine Weile stehen, um Atem zu schöpfen, dir den Schweiß vom Kopf abzuwischen, und hinunter in die Tiefe zu blicken. Nun wirst du mir erlauben, zu denken, du seist oben auf dem grünen, weichen und breiten Bergrücken glücklich und freudig angekommen, wo dich auch gleich kühle, reine Bergluft umweht, die du mit Entzücken einatmest, daß dir die Brust und das Herz sich ausweiten. Göttlich schön mutet dich, lieber Freund, das Stehen auf der erstiegenen Höhe an, und du bildest dir ein, daß du im Genuß der süßen, hohen Bergesfreiheit ertrinken müssest. Ganz wie ertrunken im Meer der köstlichen Luft und im Meer des Bergsteigerglückes kommst du dir vor. Selig bist du, daß du hinabschauen kannst auf die Welt, die dir wie ein heiteres, reiches Gemälde zu Füßen liegt, die da unten liegt und tönt und duftet wie ein Lied, wie ein Gedicht, wie eine Illusion. Langsam gehst du unter Tannenästen und reizendem Buchengrün, welches dich mit seiner frischen Götterfarbe wie mit einem Kinderlächeln anlächelt, auf der Weide weiter, liegst vielleicht eine halbe oder ganze Stunde glückselig und gedankenlos am Boden; erhebst dich wieder und schreitest weiter durch all die ringsverbreitete süße, heiße Melodie von Blau und Grün. Das Grün ist so üppig und saftig, daß du meinst, es sei eine Flut, in welcher du watest, badest, schwelgst. Es ist ein Schwelgen, ein lustumschlungenes Gehen und Lustwandeln in Arkadien. Griechenland ist nicht edler und schöner, und Japan mit seinen Fürstengärten kann nicht lust- und glücküberschütteter sein. Sanft, zart und fern dringt aus der tiefen Menschenebene das Geräusch des tätigen, täglichen Lebens an dein horchendes Ohr herauf, indes deine Augen das blendend schöne und liebe Weiß der Wolke trinken, die wie ein Märchenschiff am blauen Himmel schwimmt. Süßes Girren und Brausen, Summen und Lüftelispeln, und da stehst du, unter all dem Licht, in all dem Licht, zwischen all den Farben, und schaust hinüber zu den Nachbarbergen, welche, Traumfiguren ähnlich, still und groß und gedämpft in die Luft hinaufragen, und du grüßest sie wie Freunde, du bist ihnen Freund, sie sind es dir. Du bist der Freund der ganzen Welt; ans Herz möchtest du ihr sinken, der wunderbaren Freundin. Umschlungen hält sie dich und du sie. Du verstehst sie, liebst sie und sie dich.

(1914)

KLEINE WANDERUNG

Ich lief heute durch das Gebirge. Das Wetter war naß, und die ganze Gegend war grau. Aber die Straße war weich und stellenweise sehr sauber. Zuerst hatte ich den Mantel an; bald aber zog ich ihn ab, faltete ihn zusammen und legte ihn auf den Arm. Das Laufen auf der wundervollen Straße bereitete mir mehr und immer mehr Vergnügen, bald ging es aufwärts und bald stürzte es wieder nieder. Die Berge waren groß, sie schienen sich zu drehen. Die ganze Gebirgswelt erschien mir wie ein gewaltiges Theater. Herrlich schmiegte sich die Straße an die Bergwände an. Da kam ich hinab in eine tiefe Schlucht, zu meinen Füßen rauschte ein Fluß, die Eisenbahn flog mit prächtig weißem Dampf an mir vorüber. Wie ein glatter, weißer Strom ging die Straße durch die Schlucht und wie ich so lief, war's mir, als biege und winde sich das enge Tal um sich selber. Graue Wolken lagen auf den Bergen, als ruhten sie dort aus. Mir begegnete ein junger Handwerksbursche mit Rucksack auf dem Rücken, der fragte mich, ob ich zwei andere junge Burschen gesehen habe. Nein, sagte ich. Ob ich schon von weit her komme? Ja, sagte ich, und zog meines Weges weiter. Nicht lange, und so sah und hörte ich die zwei jungen Wanderburschen mit Musik daherziehen. Ein Dorf war besonders schön mit niedrigen Häusern dicht unter den weißen Felswänden. Einige Fuhrwerke begegneten mir, sonst nichts, und ein paar Kinder hatte ich auf der Landstraße gesehen. Man braucht nicht viel Besonderes zu sehen. Man sieht so schon viel.

(1914)

TANNENZWEIG, TASCHENTUCH UND KÄPPCHEN

An einem Vormittag stieg ich den waldbesetzten, steilen Berg hinauf. Es war heißes Wetter, und der Aufstieg kostete mich manchen Schweißtropfen. Der grüne Wald glich an Helligkeit und Schönheit einem Lied. Wie ich oben auf der Höhe ankam, konnte ich so recht frei in die weiße schimmernde Tiefe blicken. Das tat ich, und ich konnte mich an der herrlichen Aussicht gar nicht satt schauen. Wie schön, wie wohltuend ist eine Aussicht von einem hohen Berge. Der Blick schweift in die weite, umflorte, helle Ferne und steigt nieder in die wohllüstige, göttlich-schöne Tiefe. Wundersames Blau war am Himmel. Der Himmel zerfloß in süßem Blau, war ganz getränkt von Blau. Blau und grün und die goldene Sonne stimmen wunderbar zusammen, gleich einem süßen, milden, dreistimmigen, freundlichen Lied, wo jede Stimme sich um die andere schlängelt, wo jede Stimme die andere liebkost und küßt, wo alle drei seligen, glücklichen Stimmen einander umwinden und umschlingen. Ich kam nachher zu einer Bank mitten im kühlen, grünen, hohen Tannenwald gelegen, und was sah ich darauf liegen? Einen Tannenzweig, ein Taschentüchelchen und ein Puppenkäppchen. Wie stimmte mich nun wieder dieser neue Anblick fröhlich, wo mich vorher der Anblick der Naturhöhe und -tiefe beglückt, berauscht und erheitert hatte. »Ein Kind muß hier gewesen sein und hat diese lieben Zaubersachen hier liegen lassen,« sagte ich, indem mich ein Lächeln ankam, zu mir selber. Der grüne Tannenzweig lag auf dem kindlich weißen, zarten und blassen Taschentuch so weich, und das Käppchen, wie lächelte es den aufmerksamen Beschauer so freundlich, so naiv an. »O Gott, o Gott,« rief es in mir, »wie ist die Welt durch das Dasein süßer, lieber, unschuldiger Kinder schön und ewig, ewig wieder gut. Daß man doch nie aufhöre und immer wieder von neuem anfange, an die Güte, an die Schönheit, an das Glück, an die Größe und an die Liebe der Welt zu glauben.« Noch warf ich auf Tannenzweig, Taschentuch und Käppchen rasch einen Blick und eilte weiter, denn es ging gegen Mittag, und ich wollte punkt zwölf beim Mittagessen sein.

(1914)

SONNTAG

Während ich neulich Sonntagvormittag auf steilem, wunderlichem Weg oder Fußpfad, dicht am Absturz vorbei, durch verworrenes Gebüsch, zu einem in der Wildnis verborgenen Felsenplätzchen emporkletterte, das ich kürzlich beim Umherstreifen entdeckt hatte, fielen mir die Worte wieder ein, die zu gewisser Stunde und bei bestimmter Gelegenheit ein Mensch seinem Mitmenschen sagte:

»Nicht verzagen darfst du. Nicht in die Meinung darfst du fallen, daß alles böse sei. Der Umgang mit mir und die Zärtlichkeit, die ich für dich empfinde, sollen dich auf schönere, höhere Gedanken bringen.«

Als ich, höher und höher klimmend, oben anlangte, wo ich mich auf einen wie von der Natur selber zum behaglichen Stillsitzen geschaffenen Steinblock setzte, in die freundlich blitzende, aussichtsreiche Tiefe hinunterblickte, am Anblick des Sees mich weidete, in dessen glänzendem Spiegel sich Uferhäuser und Bäume lieblich abzeichneten, einige ruhige Leute unten auf der hellen Straße in den säuselnden Sonntagvormittag hinauslustwandeln sah, über die Bedeutung des Sonntags nachdachte, alles rund im Raum, an Himmel und Erde, friedlich und still schien, unendlich gutherzig, sanft und freundlich, und ich nun nebenbei an alles Unruhige und Leidenschaftliche dachte, das unser Leben unbegreiflich stürmisch und unbegreiflich traurig machen kann, flog mit einemmal, beflügeltem Überbringer froher Botschaft, holdem Gesandten ähnlich, der den Auftrag übernommen hat, Fröhlichkeit und Freude auf der Erde zu verbreiten und Frieden unter den Menschen aufzurichten, der Klang der Sonntagsglocken von nahegelegener Stadt durch das zarte Geäste der Bäume an die Felsenburg heran.

Indem ich den Sonntag und sein liebes Freudengeläute, dieses wie vom Himmel herabströmende Tönen, feierliches Auf- und Niedergleiten auf mich einwirken, in mich eindringen ließ, im Genusse badete, den ich mir durch aufmerksames Lauschen auf den immer grünen, ewig schönen Klang bereitete, still dasaß und den Feuerton trank, mich in den Glockenton hineinlebte, sein Seelenleben mitlebte, von seinem Schallen, seiner fröhlichen Verkündigung mich in die Gegenden des unumstrittenen Gedankendaseins fortziehen ließ, wo eine heilige Ordnung regiert, die sich auf die Säulen der reinen Vernunft stützt, was ebenso schön wie einfach, ebenso gut wie wahr ist und sein wird, schaute ich ungehindert da- und dorthin, im offenen, reichen Umkreis, in die Ferne, wo sich im leichten Morgensonnendunst, von weißlich zitterndem Licht umschwommen, hauch- und traumartig, phantasiehaft, die Umrisse der

ROUSSEAU-INSEL

abhoben: Erscheinung, die ich willkommen hieß.

Unwillkürlich kam ich vom Gedanken an den Sonntag auf den Gedanken an Frieden und Freiheit, und ich fragte mich, ob Frieden und Freiheit möglich seien.

»Scheinfrieden und Scheinfreiheit«, sprach ich zu mir, »sind leicht zu erreichen. Werden aber wahrer Frieden und echte Freiheit je zu erreichen sein?

Nicht äußerlich, sondern innerlich sind diese Dinge, und nur gutwillige Menschen können in der Tat frei und zufrieden sein.

Ob vielleicht der gute Wille einmal gegen den bösen ins Feld zieht? Dann wäre dies aber keine äußere, sondern eine innere Schlacht, denn der Feind ist in jedermanns Wesen.

Bildung allein, harte, mühsame Arbeit am eigenen Wesen und Kampf eines jeden gegen sich selbst werden in den Feldzügen der Menschheit nach langer Zeit vielleicht den Sieg erringen.

Frieden und Freiheit können nur dann unter uns sein, wenn jeder jeden zufrieden und frei läßt.

Erst müssen Frieden und Freiheit in uns allen selbst sein, ehe sie existieren können.«

(1917)

III
»FLÜCHTIGE BLICKE FÜR ALLES«

ES GAB EINEN HERRLICHEN ABEND*

Es gab einen herrlichen Abend nach diesem Tag. Alle Welt lustwandelte am schönen Seeufer entlang, unter den breiten, großblättrigen Bäumen. Wenn man hier, unter so vielen aufgeräumten, leise plaudernden Menschen, spazierte, fühlte man sich in ein Märchen versetzt. Die Stadt loderte im Feuer der untergehenden Sonne und später brannte sie, schwarz und dunkel, in der Glut und Nachglut der Untergegangenen. Die Sonne im Sommer hat etwas Wundervolles und Hinreißendes. Der See glitzerte im Dunkel, und die vielen Lichter schimmerten in der Tiefe des stillen Wassers. Herrlich sahen die Brücken aus; und wenn man über die Brücken ging, so sah man unten im Wasser die kleinen, dunklen Boote vorbeischießen; Mädchen in hellen Kleidern saßen in den Nachen, oft auch erklang aus einem größeren, langsam und feierlich dahinschwebenden, flachen Boote der warme, zur Nacht stimmende Ton einer Handharfe. Der Ton verlor sich in Schwarz und tauchte wieder tönend heraus, hell und warm, dunkel und herzenergreifend. Wie weit klang das einfache Instrument, von irgend einem Schiffsmann gespielt! Die Nacht schien noch größer und tiefer dadurch zu werden. Aus der weiten Uferferne schimmerten die Lichter der ländlichen Ansiedelungen herüber, als wären sie blitzende, rötliche Steine im dunklen, schweren Gewand von Königinnen. Die ganze Erde schien zu duften und still zu liegen wie ein schlafendes Mädchen. Das große dunkle Rund des nächtlichen Himmels breitete sich über alle Augen aus, über die Berge und die Lichter. Der See hatte etwas Raumloses bekommen und der Himmel etwas den See Umspannendes, Einschließendes und Überwölbendes. Ganze Gruppen von Menschen bildeten sich. Junge Leute schienen zu schwärmen, und auf allen Bänken saßen dichtgedrängt ruhende, stille Menschen. Auch an flatterhaften, stolz kokettierenden Frauen fehlte es nicht und auch nicht an Männern, die nur diese Frauen im Auge behielten, die hinter ihnen hergingen, immer etwas zögernd und dann wieder vorstürmend, bis sie schließlich den Mut oder das Wort fanden, ihre Damen anzusprechen. Manch einem wurde an diesem Abend der Kopf gewaschen, wie man sich auszudrücken pflegt.

(1907)

SO LEICHTFERTIG SPAZIEREN ZU DÜRFEN*

Über seine Glieder fühlte er sich auf einmal als geborner Herr und Meister und er achtete auf seine Schritte mit Bewußtheit. Die Hände hielt er jetzt nicht mehr in der Hosentasche, das würde ihm würdelos vorgekommen sein. Überhaupt schlenderte er jetzt nicht mehr, sondern spazierte mit gemessenem Bewußtsein, als übe er erst jetzt, in seinem einundzwanzigsten Lebensjahre, die Glieder an einem schönen, festen Gange. Man sollte ihm keinerlei Armut anmerken, aber man sollte spüren, daß er ein junger Mann sei, der eben von der Arbeit herkomme und nun sich einen Abendspaziergang gönne. An der emsigen, beweglichen Straßenwelt hing sein Auge mit Entzücken. Wenn eine Karosse mit einem Paar tanzender, zierlicher Pferde vorbeikam, so musterte er mit scharfem Blick nur den Gang der trabenden Tiere und verschmähte es, den Herrschaften im Wagen einen Blick zuzuwerfen, so, als hätte er nur Interesse für die Pferde, weil er ein Kenner sei. »Das ist angenehm,« dachte er, »und man muß lernen, seine Blicke zu beherrschen und sie dahin zu führen, wo es anständig und männlich ist, sie hinzulenken.« Viele Damen streifte er mit Seitenblicken und mußte innerlich lachen, zu bemerken, welchen Eindruck das machte. Und er träumte dabei, wie immer! Nur daß er jetzt auf die Zähne biß beim Träumen und sich keine träge, müde Haltung mehr gestattete: »Wenn ich auch einer der ärmsten Teufel bin, so fällt es mir doch nicht ein, mir das merken zu lassen, im Gegenteil, die Geldverlegenheit verpflichtet gewissermaßen zu einem stolzen Benehmen. Wäre ich reich, so dürfte ich mir vielleicht den Schlendrian noch erlauben. So aber nicht, weil der Mensch auf ein Gleichgewicht bedacht sein muß. Ich bin hundemüde: aber ich muß immer denken:

andere haben auch Ursache, müde zu sein. Man lebt nicht für sich allein, sondern für alle. Man hat die Verpflichtung, eine musterhafte, stramme Erscheinung zu sein, so lange man beobachtet wird, so daß sich weniger Mutige ein Beispiel daran nehmen können. Man soll den Eindruck der sorglosen Festigkeit machen, wenn einem auch die Kniee dabei zittern und der Magen einem in die Kehle hinauf singt vor Leere. Solches kann einem heranwachsenden Manne Vergnügen machen! Die Glocke hat noch nicht zwölfe geschlagen, für keinen; denn jeder hat jedesmal, wenn er arm daniederliegt, die Aussicht, hoch zu kommen. Eine Ahnung sagt mir, daß eine freie, stolze Haltung schon allein das Lebensglück an sich zieht wie ein elektrischer Strom, und in der Tat, man fühlt sich gehobener und reicher, wenn man anständig einhergeht. Ist man in Begleitung eines andern schlecht gekleideten, armen Teufels, wie es hier der Fall ist, so hat man umsomehr Veranlassung, kopfhoch zu gehen, indem man damit gewissermassen des anderen schlechte Frisur und Haltung sanft und energisch entschuldigt, vor Menschen, die darüber verwundert sind, zwei so ungleich sich betragende Gesellen miteinander innig verbunden, auf Du und Du, in der eleganten Straße spazieren zu sehen. So etwas bringt Achtung ein, wenn auch nur flüchtige. Reizend ist es ja, zu denken, daß man angenehm absticht von einem Begleiter, der das Zeug noch nicht so los hat oder nie los haben wird. Übrigens ist mein Geselle ein älterer, unglücklicher Mann, ehemaliger Korbflechtereibesitzer, heruntergekommen durch allerlei Mißgeschick und jetzt Schreiber im Taglohn, wie ich, nur daß ich nicht ganz wie ein Schreiber und Taglöhner aussehe, sondern eher wie ein toller Engländer, während mein Kamerad aussieht wie einer, der sich schmerzlich zurücksehnt nach einstigen besseren Tagen. Sein Gang und sein immerwährendes, liebes, rührendes Kopfnicken erzählen sein Unglück mit ganz schamloser Sprache. Er ist ein älterer Mann und will nicht mehr imponieren, nur noch sich ein bißchen aufrecht halten. Mir imponiert er; denn ich kenne seinen Schmerz und weiß, welche drückende Last er mit sich trägt. Ich bin stolz darauf, mit ihm so durch ein schönes Straßenviertel zu gehen und drücke mich ganz unverschämt nahe an ihn an, um meine ungenierte Vorliebe für seinen geringen Anzug zu demonstrieren. Ich erhalte viele erstaunte Blicke, manches wundervolle Auge sieht mich seltsam fragend an, das muß mir Spaß machen, der und jener soll's holen! Ich spreche laut und mit Nachdruck. Der Abend ist so schön geeignet zum Sprechen. Ich habe gearbeitet den Tag über. Etwas Herrliches ist es, den Tag über gearbeitet zu haben und dann am Abend so schön müde und ausgesöhnt mit allem zu sein. So gar keine Sorgen, kaum einen Gedanken zu haben. So leichtfertig spazieren zu dürfen, mit dem Gefühl, keinem Menschen weh getan zu haben. Sich umzusehen, ob man vielleicht jemandem gefalle. Zu fühlen, daß man jetzt ein bißchen liebenswerter und achtenswerter sei, als früher, da man ein Tagedieb war, dessen Tage wie in einen Abgrund dahinsanken und verrauchten wie Rauch vertrieben wird. Viel zu fühlen, viel, an so einem geschenkten Abend! Den Abend wie ein Geschenk zu empfinden, denn das ist er denen, die den Tag für die Arbeit hergeben. So schenkt man und wird beschenkt.« –

(1907)

SPAZIERGÄNGERBILDNIS*

Am nächsten Sonntag eilte er per Bahn nach der Hauptstadt, nachdem er ein Fünfmarkstück wie gewohnt in Empfang genommen hatte. Es war schönes, heißes Wetter, und die Eisenbahnfahrt ging den blauleuchtenden See entlang. Schon beim Aussteigen aus dem Wagen kam ihm die früher so wohlbekannte Stadt ganz fremdartig vor. Wie doch eine verhältnismäßig nur kurze Abwesenheit einen Ort umgestalten und ganz anders färben konnte; er hätte das nie für möglich gehalten. Es kam ihm alles so klein vor. Am Quai, längs des Seeufers spazierten im grellen Mittagssonnenschein eine Menge Menschen. Was für ganz fremde Gesichter! Und so arm erschienen Joseph alle diese Menschen. Freilich waren es ja Leute aus dem dürftigen, arbeitenden Volk, keine Herren und Damen, aber etwas Kümmerliches, das nichts mit der Dürftigkeit der wirtschaftlichen Armut zu tun hatte, wob sich um dieses ganze, helle Spaziergängerbild. Es war nichts anderes als die Fremdheit, die Ungewohntheit, die ihm entgegenblendete, und er fühlte es auch und sagte sich, daß, wenn einer bereits seit Wochen in der Toblerschen Villa lebe, er nicht nötig habe, sich über den Anblick eines Städtebildes und dessen Entfremdung zu verwundern. Bei Toblers gäbe es eben dickere, rötere Gesichter und festere Hände und ein gewichtigeres Auftreten, als wie man es hier in der leichten Stadt sähe, wo die Menschen nur zu bald mager und unscheinbar von Aussehen werden. Das Kleine und Enge sei immer eine ziemlich große und bedeutende Welt für sich, sobald man eine Zeitlang in nichts anderes mehr hineingeschaut habe, während gerade umgekehrt das Weite und wirklich Bedeutende anfangs klein und unansehnlich erscheine, weil es gar zu verbreitet, ausgedehnt und luftig sei. Im Toblerschen Haus herrsche eben von Anfang an eine gewisse kleine Dicke und Fülle, und die habe stets viel auf sich und bestricke sogleich, wogegen die Freiheit und die Weitschweifigkeit mit ihren breiten und auseinandergezogenen Rundsichten scheinbar erkälten, weil sie nach nichts Festem ausschauen. Das wirklich Wohltuende sei immer so bescheiden von Ansehen, während wiederum das Toblersche oder Tyrannische manches Gemütliche und Herzliche an sich habe, das einem aus Turmzimmern und dergleichen verlokkend und vielversprechend entgegenkomme. Das irgendwo Gefesselt- und Gebundensein sei zuweilen wärmer und reicher voll zärtlicher Heimlichkeiten als die offene, Tür und Fenster der ganzen Welt offenstehen-lassende Freiheit, in deren hellen Räumen den Menschen oft nur zu bald grimmige Kälte oder drückende Hitze anfahre, aber die Freiheit, die er, Joseph, meine, du liebe Zeit, das sei doch am Ende das Schicklichste und Schönste und enthalte unsterblichen Zauber. –

Bald kam ihm denn auch das Bild städtischen Sonntaglebens nicht mehr so fremdartig und flüchtig und rauhbeinig vor, und je weiter er ging, um so vertrauter den Augen und dem Herzen wurde ihm alles. Er ließ seine Augen mitten unter die vielen Spaziergänger spazieren gehen, mit seiner an die Toblersche Küche gewöhnten Nase zog er wieder die Düfte der Stadt und des Stadttreibens ein, seine Beine marschierten wieder ganz munter auf städtischem Boden, als ob sie nie auf Landerde getreten wären.

Wie hell doch die Sonne schien, und wie bescheiden die Menschen sich hin- und herbewegten. Wie hübsch das war, daß man sich unter das Treiben, Stehen, Gehen und Hin- und Herpendeln verlieren konnte. Wie hoch der Himmel war, und wie das Sonnenlicht es sich auf allen Gegenständen, Körpern und Bewegungen bequem machte, und wie leicht und fröhlich der Schatten dazwischenhuschte. Die Wellen des Sees schlugen gar nicht stürmisch an die steinernen Dämme an. Es war alles so mild, so bedeckt, so leicht und hübsch, es war ebenso groß wie klein geworden, ebenso nah wie fern, ebenso weit wie fein und ebenso zart wie bedeutend. Es schien bald alles, was Joseph sah, ein natürlicher, stiller, gütiger Traum geworden zu sein, nicht ein gar so sehr schöner, nein, ein bescheidener, und doch ein so schöner. –

Unter den Bäumen eines kleinen Parkes oder Anlage ruhten Menschen auf Bänken. Wie oft hatte Joseph die eine oder die andere von diesen Bänken in Anspruch genommen, damals, als er in der Stadt gewohnt hatte. Er setzte sich auch jetzt, und zwar neben ein hübsch aussehendes Mädchen. Es ergab sich in einem durch den Gehülfen eingeleiteten Gespräch, daß sie Münchnerin sei, die hier in der ihr gänzlich fremden Stadt auf Arbeit lauere. Sie erschien arm und unglücklich, aber schon so manches Mal hatte er arme und wehmütige Menschen auf diesen Bänken angetroffen und angeredet. Die beiden sprachen einiges, dann erhob sich die Münchnerin plötzlich, um davonzugehen. Ob Joseph ihr mit einer Kleinigkeit an Geld helfen könne? Nein, nein, sagte sie, nahm dann aber doch etwas an und verabschiedete sich.

Was saßen auf solchen öffentlichen Ruhebänken nicht für verschiedenartige Menschen. Joseph fing an, sie der Reihe nach im Kreis herum zu betrachten. Jener junge, einzelne Mensch dort, der mit seinem Spazierstock Figuren in den Sand der Erde zeichnete, was konnte er sein, was in aller Welt, wenn nicht ein Buchhandlungsgehilfe? Vielleicht täuschte man sich, nun ja, so war er eben einer jener zahlreichen Warenhauskommis, die Sonntags jeweilen irgend etwas »vor« haben. Und dieses Mädchen da *vis-à-vis*, war sie eine Kokotte oder eine Anstandsdame oder ein artiges, zimperliches, den Erfahrungen, die die Welt mit beiden, reichen, warmen Armen den Menschen, einem wundervollen Blumenstrauß ähnlich, darbietet, abholdes Zierpflänzchen und -Püppchen? Oder konnte sie zweierlei oder gar dreierlei Gattung auf einmal sein? Möglich, denn das war ja auch schon vorgekommen. Das Leben ließ sich nicht so leicht in Kasten und Ordnungen abteilen. Und dort der alte, zerfallene Mann mit dem zerzausten Bart, was war er, woher kam er gerade, welchen Berufes und Zeichens durfte man annehmen, daß er etwa sei? War er ein Bettler? Gehörte er zu den undefinierbaren Gesellen, die während der Woche in der famosen Schreibstube für Stellenlose sitzen, wo sie ein paar Mark im Tagelohn oder Wochenlohn verdienen? Was war er früher gewesen? Trug er einen eleganten Anzug einst nebst dito Stock und Handschuhen? Ah, das Leben machte bitter, aber es konnte auch froh und innig demütig machen, und dankbar fürs Wenige, für das bißchen süße, freie Luft zum Einatmen. – Und was war das dort links für ein feines, ja sogar, wie es schien, vornehmes Liebes- oder Brautpaar? Waren es reisende und alle vorhandene Welt im Flug genießende Engländer oder Amerikaner? Die Dame trug eine zierliche Feder auf dem kleinen, ihr wie von irgendher angeflogenen Hut, und der Herr lachte, er schien sehr glücklich, nein, beide! Daß sie doch nur immer lachten, es war ja so schön, zu lachen und sich zu freuen.

Dieser schöne, liebe, lange Sommer! Joseph erhob sich und ging langsam weiter, durch eine reiche, elegante, aber stille Straße. An Sonntagen, ja, da saßen eben die reichen Leute zu Hause, die ließen sich heute recht spärlich sehen; auf die Straßc zu gchcn, das mochtc an dicscm Tagc nicht fcin gcnug scin. Alle Magazine waren geschlossen. Einzelnes, verstreutes Volk pendelte und wackelte daher, oft recht unschön anzuschauende Männer und Frauen. Welche Demut in solch einem verzettelten Spaziergängerbildnis war. Wie bitterlich arm ein Menschensonntag auftreten konnte. »Demütig werden,« dachte der Gehülfe, »wie ist das für so Manchen der letzte Lebenszufluchtsort.« –

Und er kam allmählich durch neue und andere Straßen.

Wie viele Straßen! Das dehnte sich in die Ebene hinaus, Haus an Haus, und die Hügel hinauf, und den Kanälen entlang, lauter größere und kleinere Steinblöcke, ausgehauen mit Wohnungen für reichere und ärmere Menschen. Hin und wieder kam eine Kirche, eine steife, glatte, neue, oder eine eindrucksvolle, ruhig dastehende alte mit Efeu am zerbröckelnden Gemäuer. Joseph ging an einem Polizeigebäude vorüber, aus dessen Lokalen einem ihm eines Tages vor Jahren der Schrei eines gemißhandelten Menschen entgegentönte, den man geknebelt hielt und mit Stockschlägen zu bändigen versucht hatte.

Es ging jetzt über eine Brücke, die Straßen erschienen nach und nach unregelmäßiger und loser, die Gegend, durch die er ging, bekam etwas Dörfliches. Katzen lagen vor den Haustüren, und die Häuser waren von kleinen Gärten umsäumt. Die Abendsonne legte sich gelblich-rot auf die hohen Hauswände und auf die Bäume in den Gärten und auf die Gesichter und Hände der Menschen. Man war in der Vorstadt.

Joseph trat in eines der neuen Häuser, die dieser noch beinahe ländlichen Gegend ein so merkwürdiges Aussehen gaben, stieg die Treppen empor, in die dritte Etage, blieb dort stehen, atmete sich anstandshalber aus, putzte sich ein wenig den Staub ab und klingelte dann. Die Türe wurde aufgetan, und die Frau, die in der Öffnung erschien, stieß, wie sie den Gehülfen erblickte, einen leisen Überraschungsschrei aus:

»Sie sind es, Joseph? Sie sind es? – Kommen Sie.«

(1908)

GUTEN TAG, RIESIN!

Es ist einem, als schüttle da eine Riesin ihre Locken und strekke ein Bein zum Bett heraus, wenn man am frühen Morgen, noch ehe die Elektrischen fahren, von irgendeiner Pflicht angetrieben, in die Weltstadt hineingeht. Kalt und weiß liegen die Straßen wie ausgestreckte Menschenarme da; man läuft, reibt sich die Hände und sieht, wie zu den Toren und Türen der Häuser Menschen heraustreten, als speie ein ungeduldiges Ungeheuer seinen warmen, flammenden Speichel aus. Augen begegnen dir, wenn du so dahergehst, Mädchen- und Männeraugen, trübe und frohmütige; Beine laufen hinter und vor dir, und du selber beinelst auch, was du nur kannst und schaust mit deinen eigenen Augen, mit denselben Blicken, wie alle blikken. Und die Brüste tragen alle irgendein verschlafenes Geheimnis, und in den Köpfen allen spukt irgendein wehmütiger oder anspornender Gedanke. Herrlich, herrlich. Da ist es also kalter, halb sonniger, halb trüber Morgen, viele, viele Menschen liegen noch in ihren Betten, Schwärmer, die die Nacht und den halben Morgen durchgelebt und -geabenteuert haben, Vornehme, zu deren Lebensgewohnheiten es gehört, spät aufzustehen, faule Hunde, die zwanzigmal erwachen, gähnen und wieder einschnarchen, Greise und Kranke, die sich überhaupt nicht mehr, oder nur mühsam erheben können, Frauen, die geliebt haben, Künstler, die sich sagen: a was, quatsch, früh aufstehen, Kinder von reichen, schönen Eltern, fabelhaft gepflegte und behütete Wesen, die in ihren eigenen Stuben, hinter schneeweißen Fensterumhängen, das Mündchen offen, märchenhaft träumend, bis neun, zehn oder elf Uhr schlafen. Was zu solch früher Morgenstunde auf den wild ineinander verschlungenen Straßen gramselt und ameiselt, das sind, wenn nicht Dekorationsmaler, so doch vielleicht Tapezierer, Adressenschreiber, kleine, lausichte Agenten, Menschen auch, die einen frühen Eisenbahnzug nach Wien, München, Paris oder Hamburg erreichen wollen, kleine Menschen in der Regel, Mädchen von allen möglichen Erwerbszweigen, Erwerbende also. Einer, der dem Rummel zusieht, muß das notwendigerweise einzig finden. Er geht dann so und meint beinahe, auch rennen, atempusten und seine Arme hin und her schwenken zu müssen; das Treiben und Emsigtun ist ja so ansteckend, wie etwa ein schönes Lächeln ansteckend sein kann. Nein, nicht so. Der frühe Morgen ist noch etwas ganz anderes. Er schleudert aus Kneipen etwa noch ein paar schmierig gekleidete Nachtgestalten mit ekelhaft rotbemalten Gesichtern auf die blendend-staubig-weiße Straße hinaus, wo sie eine gute Weile, den Hakenstock an der Schulter tragend, blödsinnig stehen bleiben, um Vorübergehende anzuöden. Wie ihnen die trunkene Nacht zu den schmutzigen Augen hinausblendet! Weiter, weiter. Bei Besoffenen hält sich das blauäugige Wunder, der frühe Morgen, nicht auf. Er hat tausend schimmernde Fäden, womit er dich weiterzieht, er schiebt dich von hinten und lockt und lächelt dich von vorne an, du siehst hinauf, wo ein weißlich verschleierter Himmel ein paar zerrissene Stücke Blau hervorläßt; hinter dich, um einem Menschen, der dich interessiert, nachzuschauen, neben dich, an ein reiches Portal, hinter dem ein fürstliches Palais verdrossen und vornehm emporragt. Statuen winken dir aus Gärten und Parkanlagen entgegen; immer gehst du und hast flüchtige Blicke für alles, für Bewegliches und Feststehendes, für Droschken, die träge fortrumpeln, für die Elektrische, die jetzt zu fahren beginnt, von der herab Menschenaugen dich ansehen, für den stupiden Helm eines Schutzmannes, für einen Menschen mit zerrissenen Schuhen und Hosen, für einen zweifellos ehemals Gutsituierten, der im Pelzmantel und Zylinder die Straße fegt, für alles, wie du selber für alles ein flüchtiges Augenmerk bist. Das ist das Wunder der Stadt, daß eines jeden Haltung und Benehmen untertaucht in all diesen tausend Arten, daß das Betrachten ein flüchtiges, das Urteil ein schnelles und das Vergessen ein selbstverständliches ist. Vorüber. Was ist vorüber? Eine Fassade aus der Empirezeit? Wo? Da hinten? Ob sich da einer wohl entschließen kann, sich nochmals umzudrehen, um der alten Baukunst einen Extrablick zu schenken? I woher. Weiter, weiter. Die Brust dehnt sich, die Riesin Weltstadt hat jetzt in aller üppigen Gemächlichkeit ihr schimmernd-durchsonntes Hemd angezogen. So eine Riesin kleidet sich eben ein bißchen langsam an; dafür aber duftet und dampft und pocht und läutet jede ihrer schönen, großen Bewegungen. Droschken mit Amerikakoffern obenauf poltern und radebrechen vorbei, du gehst jetzt im Park; die stillen Kanäle sind noch mit grauem Eis bedeckt, die Matten frieren dich an, die schlanken, dünnen, kahlen Bäume jagen dich mit ihrem zitternd-frörlichen Aussehen flugs weiter; Karren werden geschoben, zwei herrschaftliche Fuhrwerke aus der Remise irgendeines Menschen von offiziellem Gepräge, jedes zwei Kutscher und einen Lakaien tragend, jagen vorüber; immer ist etwas, und jedesmal ist das Etwas, wenn man es näher betrachten will, verschwunden. Natürlich hast du eine Unmenge Gedanken während deines einstündigen Marsches, du bist Dichter und kannst dazu ruhig deine Hände in den Taschen deines hoffentlich anständigen Überziehers behalten, du bist Maler und hast vielleicht bereits während deines Morgenspazierganges fünf Bilder fix und fertig gemacht. Du bist Aristokrat, Held, Löwenbändiger, Sozialist, Afrikaforscher, Tänzer, Turner oder Kneipenwirt gewesen, hast flüchtig geträumt, eben jetzt dem Kaiser vorgestellt worden zu sein. Er ist vom Thron herniedergestiegen und hat dich in ein halbstündiges, vertrauliches Gespräch, an welchem sich auch die Frau Kaiserin dürfte beteiligt haben, gezogen. Du bist in Gedanken Stadtbahn gefahren, hast Dernburg seinen Lorbeerkranz vom Haupte gerissen, geheiratet und dich in einer Ortschaft in der Schweiz heimisch niedergelassen, ein bühnenfähiges Drama geschaffen – lustig, lustig, weiter, he da, was? Sollte das? Ja, da ist dir dein Kollege Kitsch begegnet, und da seid ihr zusammen nach Hause gegangen und habt Schokolade getrunken.

(1907)

FRIEDRICHSTRASSE

Oben ist ein schmaler Streifen Himmel, unten der glatte, schwärzliche, gleichsam von Schicksalen polierte Boden. Die Häuser zu beiden Seiten ragen kühn, zierlich und phantastisch in die architektonische Höhe. Die Luft bebt und erschrickt von Weltleben. Bis zu den Dächern hinauf und über die Dächer noch hinaus schweben und kleben Reklamen. Große Buchstaben fallen in die Augen. Und immer gehen hier Menschen. Noch nie, seit sie ist, hat in dieser Straße das Leben aufgehört zu leben. Hier ist das Herz, die unaufhörlich atmende Brust des großstädtischen Lebens. Hier atmet es hoch auf und tief nieder, als wenn das Leben selber über seinem Schritt und Tritt unangenehm beengt wäre. Hier ist die Quelle, der Bach, der Fluß, der Strom und das Meer der Bewegungen. Niemals sterben hier die Bewegungen und die Erregungen ganz aus, und wenn das Leben am obern Ende der Straße beinahe aufhören will, so fängt es am untern Ende von neuem an. Arbeit und Vergnügen, Laster und guter Trieb, Streben und Müßiggang, Edelsinn und Niedertracht, Liebe und Haß, feuriges und höhnisches Wesen, Buntheit und Einfachheit, Armut und Reichtum schimmern, glitzern, blöden, träumen, eilen und stolpern hier wild und zugleich ohnmächtig durcheinander. Eine Fessel ohnegleichen bändigt und sänftigt hier die Leidenschaften, und Verlockungen ohne Zahl führen zugleich in die begehrlichen Versuchungen, derart, daß die Entsagung mit dem Rockärmel den Rücken der befriedigten Begierde streifen, daß die Unersättlichkeit mit den lodernden Augen in den weisen Frieden der Augen des Durch-sich-selbst-gesättigten schauen muß. Hier klaffen Abgründe, hier herrschen und gebieten bis zum offenen Unanstand, durch den sich kein vernünftiger Mensch verletzen läßt, Gegensätze, die unbeschreiblich sind. Wagen fahren immer an Menschenleibern, -köpfen und -händen dicht vorüber, und auf den Verdecken und im hohlen Innern der Wagen sitzen, dicht aneinandergepreßt und geknechtet, Menschen, die aus irgendwelchen Gründen hier drinnen sitzen, hier oben sitzen, sich drängen und pressen und fahren lassen. Für jede Dummheit gibt es hier unsagbar rasch rechtfertigende, gute, kluge Gründe. Jede Torheit ist hier durch die offenbare Schwierigkeit des Lebens geadelt und geheiligt. Jede Bewegung hat Sinn, jeder Ton hat hier praktische Ursache, und aus jedem Lächeln, jeder Geste, jedem Wort strahlt eine sonderbar anmutige Gesetztheit und Korrektheit billigend hervor. Hier billigt man alles, weil jeder einzelne, durch den Zwang des zusammengeknebelten Verkehrs genötigt, ohne Zaudern alles, was er hört und sieht, billigen muß. Zu Mißbilligungen scheint niemand Lust, zu Abneigungen niemand Zeit und zu Unlust niemand ein Recht zu haben, denn hier, und das ist das Großartige, fühlen sich alle auf leichte, vorwärtshelfende Manier, gleichsam säuberlich, verpflichtet. Jeder Bettler, Gauner, Unhold usw. ist hier Mitmensch und muß einstweilen, weil alles schiebt, stößt und drängt, als etwas Mithinzugehöriges geduldet werden. Ah, hier ist die Heimat der Nichtswürdigen, der Kleinen, nein, der ganz Kleinen, der irgendwo und wann schon einmal Entehrten, hier, hier herrscht Duldung, und zwar deshalb, weil sich niemand mit Ungeduld und Unfrieden aufhalten und abgeben will. Hier wird im Sonnenschein friedlich spaziert, wie auf einer entlegenen stillen Bergesmatte, und im Laternenschimmer elegant gebummelt wie in einem Feenmärchen voller Zauberkünste und -worte. Wunderbar ist, wie der zweiteilige Menschenstrom auf den Trottoirs unaufhaltbar und unaufhörlich ist, gleich einem dickflüssigen, schimmernden, vielbedeutenden Wasser, und herrlich ist, wie hier die Qualen gemeistert, die Wunden verschwiegen, die Träume gefesselt, die Brünste gebändigt, die Freuden unterdrückt und die Begierden gemäßigt werden, weil alles Rücksicht, Rücksicht und nochmals liebende und achtende Rücksicht nehmen muß. Wo der Mensch so nah am Menschen ist, da erhält der Begriff Nebenmensch eine tatsächlich geübte, begriffene und rasch verstandene Bedeutung, und es darf da niemandem mehr einfallen, überlaut zu lachen, übereifrig sich seinen persönlichen Bedrängnissen hinzugeben oder überhastig Geschäfte machen zu wollen, und doch, welch eine hinreißende betörende Hast ist in all der scheinbaren Gedrängtheit und Besonnenheit. Die Sonne scheint hier in einer Stunde auf unzählige Köpfe, der Regen netzt und näßt hier einen Boden, der gesalbt ist gleichsam von Lustspielen und Tragödien, und abends, ah, wenn es beginnt zu dunkeln und wenn die Lichter angezündet werden, tut sich ein Vorhang langsam auf, um in ein Stück üppig voll immer derselben Gewohnheiten, Lüsternheiten und Begebenheiten schauen zu lassen. Die Sirene Vergnügen fängt dann an in himmlisch lockenden und anmutenden Tönen zu singen, und Seelen werden dann zerrissen von den vibrierenden Wünschen und Nichtbefriedigungen, und ein Geldauswerfen beginnt dann, wie es der bescheidene kluge Begriff nicht kennt, wie es sich kaum eine dichterische Phantasie mühselig vorstellen kann. Ein wollüstig auf und nieder atmender Körpertraum sinkt dann auf die Straße herab, und alles läuft, läuft und läuft diesem vorherrschenden Traum mit ungewissen Schritten nach.

(1909)

DIE GROSSSTADTSTRASSE

Manche Straßen in der innern, alten Stadt liegen merkwürdig einsam da; ein Dom in seiner ehrwürdigen Pracht oder eine monotone Kaserne oder ein altes Schloß erhöhen noch den Eindruck der Stille und Einsamkeit. In den matt erhellten Bierstuben gutbürgerlichen Charakters sitzen an Tischen ein paar zeitungslesende Abendgäste; der Kellner steht müßig, die Serviette unter dem Arm. In einer andern Gegend, ein paar Straßen weiter, eilen die Menschen dicht neben- und hintereinander, verfolgt von niemandem, aber auch, wie es scheint, gelockt von niemandem. Die hundert gehen an ähnliche Orte und kommen von einerlei Orten her, und sie halten sich alle in einer in ihrer Art bewundernswürdigen Gemessenheit. Die Bäume sind sonderbar grün, nicht wie in andern Städten. Ein stiller Friedhof aus alten Zeiten grenzt an eine der belebtesten Straßen, auf deren holprigem Pflaster die Droschken, Fuhrwerke und Omnibusse unaufhörlich dahinrollen. In den Aschingerlokalen wird unaufhörlich Bier in die Gläser getan, und für alle diese der Reihe nach gefüllten Gläser finden sich Trinker und Abnehmer. Die Leiter der Vergnügungshäuser gebärden sich wie Offiziere auf Schlachtfeldern, und die Offiziere sieht man still, sanft, gesetzt und bescheiden einhergehen, als seien sie des äußerlichen Schneides längst überdrüssig, was wohl auch hie und da der Fall ist. Man muß sich, von einem Bürgersteig zum andern hinübergehend, hüten, überfahren zu werden, aber dieses Sichhüten ist unmerklich, es ist zur Gewohnheit geworden. Wie diese große Stadt die Menschenbewegungen hemmt und frißt. Die Leute, die im Norden wohnen, haben die hellen, vornehmen Gegenden des Westens vielleicht ein ganzes Jahr lang nicht mehr gesehen, und es ist nicht einzusehen, was eine Bewohnerin des Westens veranlassen könnte, die Gegend um den Schlesischen Bahnhof aufzusuchen, wenn nicht irgend ein besonderer Umstand es vermöchte.

Gebrechliche Leute sieht man hiesigen Ortes sehr wenig, und zwar wohl in erster Linie deshalb, weil der Kranke und der Müde diesen fortwährenden Verkehr zu scheuen alle Ursache haben und sich ruhig zu Hause verhalten. Was sich auf der Straße bewegt, ist mehr oder weniger rüstig und munter und markiert Lebensfröhlichkeit, schon aus Anstand, empfindend, daß alle, die da leben und gehen, sich zu einer gewissen unauffälligen Höflichkeit aufraffen. Der Verdrossene und der Mutlose müssen ihre Verdrossenheit und Mutlosigkeit schon aus rein praktischer Vorsicht dämpfen, der Unbeherrschte sieht sich gezwungen, sich zu beherrschen, der, der vor Lust laut auflachen möchte, sieht augenblicklich ein, daß er das nicht tun darf, und der, dem Tränen in die Augen treten, biegt rasch um, schaut in ein Schaufenster, als ob er sich wunder wie interessierte. Der Flirt bedient sich der einfachsten und zugleich zartesten Mittel. Obgleich es auf den Straßen und Plätzen und in den Straßenbahnen aussieht, als weiche Fremdes und Fremdes sich geflissentlich aus und als scheue jedermann eine Berührung oder Empfindung, so kommen doch sehr viele schöne, süße Annäherungen zustande, mehr als der Beobachter zu ahnen und der Uneinheimische zu beobachten vermag, eben weil der, der irgend etwas unternimmt oder beabsichtigt, so tut, als träume oder kalkuliere er ins Leere. Fällt irgendeine kleine Unannehmlichkeit vor, sei es, daß ein Pferd auf dem oft spiegelglatten Boden stürzt, sei es, daß es einen Händel absetzt oder dergleichen, so bildet sich um die Neuigkeit sogleich eine meist hübsche Gruppe von Umherstehern, die sich weder gleichgültig zu der Unterbrechung verhalten noch irgendwie heftig.

Es ist alles sauber. Die Schaufenster glänzen mit derselben sorgfältigen Sauberkeit wie die Äußerungen der Menschen, gebildeten und ungebildeten, das Dienstmädchen gewöhnt sich an, sich zu bewegen wie die Herrschaft, und die Dame des Hauses trägt nicht ihre Würde und ihre Unnahbarkeit vor die Haustüre. Der drollig-unschuldige Schuljunge trägt sein Schulzeugnis in derselben »Elektrischen« mit nach Hause, in der die Dirne sitzt oder der Mensch, der hier Zeit gewinnt, verbrecherische Pläne zu entwerfen, und das eine sticht nicht das andere. In vielen Augen glänzt heimliche Sehnsucht, viele Lippen sind zugebissen, viele Gemüter erzittern, aber alles will Art und Weise haben, alles will den vernünftigen Gang gehen, alles kann und will sich erhalten. Die Straßen sehen einander ähnlich wie die Schicksale der Menschen, und doch hat jede Straße ihren eigenen Charakter, und ein Schicksal ist nie zu vergleichen mit einem andern. Was die Eleganz betrifft, so sucht und versteht man sie im allgemeinen darin, daß man vermeidet sie zu entfalten; in einer gewissen Vernachlässigung liegt ihr höchster Reiz, ungefähr wie die Noblesse des Denkens und Fühlens, die zu Ende ist, wenn sie sich Mühe gibt, nach Ausdruck zu ringen, oder ungefähr wie der Stil der Sprache, der da versagt, wo er sich zeigen will.

Es liegt in der Größe und im Stolz dieser Stadt eine unverkennbare Stille; und eine Geräuschlosigkeit krönt das Geräusch, daß man sich, wenn man eine Zeitlang in der ländlichen Stille und Zurückgezogenheit gewesen ist, sehnt, es zu vernehmen, wie wenn es ein Labsal wäre. Und es unterliegt keinem Zweifel, daß in der Großstadt ein ausgeprägtes Bedürfnis vorherrscht, alle überflüssige Eile und alle Hast zu vermeiden. Gut essen und trinken ist hier sehr wichtig, hungernde Menschen sind bös auf ihre Mitmenschen und stoßen daher überall, wohin sie treten, an, entweder mit dem Ellbogen oder mit dem Ausdruck ihres unzufriedenen, grollenden Gesichtes. Groll ist ein Feind der Menschen und ein Feind der eigenen unnütz schmachtenden Person, und da das, wo viele Menschen sich dicht nebeneinander aufhalten, jedermann fühlt, so kann man sagen, daß die Stadt, die sich zur Großstadt entwickelt hat, so und so vielem Groll, der ins Leere hineingrollt, ein langsames Ende bereitet, weil es der Zürner und Groller mitten unter Menschen gar nicht aushält. O gewiß! Man ist oft von Zorn, Wut oder Haß erfüllt, aber dann geht man und vermischt sich, d. h. man geht unter Menschen, und siehe, das Seelenübel ist wieder verschwunden. Eine Art edler weitausschauender Sozialismus gewinnt hier auf natürliche Weise immer mehr Boden, und der Klassenhaß scheint nur noch in den Zeitungen zu existieren, die ihn malen. Jeder geringe Arbeiter oder Tagelöhner kann, wenn ihn die Gesundheit der Seele und des Leibes auszeichnet, gelassen über das Auftreten von reichen Leuten, die sich leiblich, wie sie oft nicht verbergen können, unwohl fühlen, triumphieren; so ist also der Kranke zu bedauern, nicht der Arme, und der Ungesunde ist der Entrechtete, nicht der, der von geringer Abkunft ist. Das lehrt die Großstadtstraße überzeugend. O Gott, es ist für diesmal genug, ich muß ausgehen, ich muß in die Welt hinunterspringen, ich halte es nicht mehr aus, ich muß irgend jemandem ins Gesicht lachen gehen, ich muß spazieren gehen. Ach, es ist so hübsch, so hübsch, zu leben.

(1910)

TIERGARTEN

Vom Zoologischen Garten her tönt Regimentsmusik. Man geht so, ganz gemächlich. Ist es denn nicht Sonntag? Wie warm es ist. Jedermann scheint erstaunt darüber zu sein, daß es jetzt, wie auf Zauberschlag, so leicht, so hell, so warm ist. Wärme allein gibt schon Farbe. Die Umwelt ist wie ein Lächeln, und es wird einem ganz weiblich zumut. Wie gern möchte ich jetzt (beinahe) ein Kind auf dem Arm tragen und treubesorgtes Dienstmädchen spielen. Wie stimmt der beginnende, herzbetörende Frühling zärtlich. Ich könnte, bilde ich mir ein, geradezu Mutter sein. Im Frühling, so scheint es, werden Männer und Mannestaten plötzlich so überflüssig, so dumm. Nur keine Tat jetzt. Horchen, bleiben, am Fleck stehen. Göttlich durch ganz weniges berührt sein. In dieses wonnensüße kindheitartige Grün schauen. Ach, ist doch Berlin und sein Tiergarten jetzt schön. Es wimmelt von Menschen. Die Menschen sind starke, bewegliche Flecke im zarten, verlornen Sonnenschimmer. Oben ist der lichtblaue Himmel, der wie ein Traum das untenliegende Grün berührt. Die Leute gehen leicht und bequem, so, als fürchteten sie, in Marschierschritt und in grobes Gebärden zu verfallen. Es soll Leute geben, die nie daran denken, oder die sich zieren, sich am Sonntag auf eine Tiergartenbank zu setzen. Wie doch solche Leute sich des reizendsten Vergnügens berauben. Ich selbst finde das Sonntagspublikum in seiner offensichtlichen harmlosen Sonntagslust bedeutender als alles Kairo- und Rivierareisen. Da wird das Harte gefällig, das Starre lieblich, und alle Linien und Gewöhnlichkeiten gehen traumhaft ineinander über. Unnennbar zart ist solch ein allgemeines Spazieren. Die Spaziergänger verlieren sich bald einzeln, bald in anmutigen dichten

Gruppen oder Haufen zwischen den Bäumen, die hoch oben noch luftig-kahl sind, und zwischen dem niedrigen Gesträuch, das ein Hauch von jungem, süßem Grün ist. Es zittert und bebt in der weichen Luft von Knospen, die zu singen, zu tanzen, zu schweben scheinen. Das ganze Tiergartenbild ist wie ein gemaltes Bild, dann wie ein Traum, dann wie ein weitschweifiger angenehmer Kuß. Überall ist leichte, verständliche Lockung zum lange Hinschauen. Auf einer Bank am Schifffahrtskanal sitzen zwei Ammen im schneeweißen imposanten Kopfputz, weißer Schürze und knallroten Röcken. Indem man geht, ist man befriedigt; indem man sitzt, ist man ganz ruhig und schaut gelassen in die Augen der vorübergehenden Gestalten. Diese sind Kinder, an Leinen geführte Hunde, Soldaten mit dem Mädel im Arm, schöne Frauen, kokette Damen, alleinstehende, -tretende und -gehende Herren, ganze Familien, schüchterne Liebespaare. Schleier wehen, grüne und blaue und gelbliche. Dunkle und helle Kleider wechseln ab. Die Herren tragen meistens die unvermeidlichen trockenen halbhohen steifen Hügelhüte auf den Kegelköpfen. Man möchte lachen und zugleich ernst sein. Es ist alles zugleich lustig und heilig, und man ist sehr ernst dabei, wie alle. Alle zeigen denselben schicklichen leichten Ernst. Ist nicht so auch der Himmel, der auch so ein Gesicht macht, als spreche er: »Wie wunderbar ist mir?« Jetzt huschen, freundlichen Schemen ähnlich, windähnliche Schatten durch die Bäume, über die hellen weißen Wege, wohin? Man weiß es nicht. Kaum sieht man es, so zart ist es. Maler machen auf solche Delikatessen aufmerksam. In einiger sanfter Entfernung rollen roträdrige Droschken durch das milde grune Gewebe, als gleite ein rotes Band durch ein Stück zartes Frauenhaar. Alles atmet Fraulichkeit, alles ist Helle und Milde, alles ist so weit, so durchsichtig, so rund, nach allen Seiten dreht man den Sonntagskopf, um die

Sonntagswelt hübsch zu genießen. Menschen machen das Ganze eigentlich. Ohne die Menschen würde man die Schönheit des Tiergartens nicht sehen, nicht merken, nicht empfinden. Wie das Publikum ist? Na, gemischt, alles durcheinander, Elegantes und Einfaches, Stolzes und Demütiges, Fröhliches und Besorgtes. Ich selbst sorge mit meiner eigenen Person ebenfalls für Buntheit und trage mit zur Gemischtheit bei. Ich bin gemischt genug. Doch wo ist der Traum? Laß uns ihn doch noch rasch einmal betrachten. Auf einer rundgebogenen Brükke stehen viele Leute. Man steht selbst da, lehnt sich leicht und voll guter Manier an das Geländer und schaut hinab in das zärtlich-bläulich glimmende, warme Wasser, wo Boote und Kähne, menschenbesetzt und fähnchengeschmückt, leise, wie von guten Ahnungen gezogen, umherfahren. Die Schiffe und Gondeln schimmern in der Sonne. Da bricht ein Stück dunkles Samtgrün aus der Lichtheit hervor, es ist eine Bluse. Enten mit farbigen Köpfen schaukeln auf dem Gekräusel und Gezitter des Wassers, das manchmal schimmert wie Bronze oder wie Emaille. Herrlich ist es, wie das Feld des Wassers so eng und so klein ist und doch so vollbesetzt mit gleitenden Lustkähnen und Freudenfarben-Hüten. Überall, wohin man blickt, glänzt und bricht der Damenhut mit rot, blau und andern Augengenüssen aus dem Gebüsch hervor. Wie ist alles so einfach. Wohin geht man jetzt? In ein Kaffeehaus? Wirklich? Ist man jetzt so barbarisch? Jawohl, man tut's. Was tut man nicht alles? Wie schön ist es, zu tun, was ein anderer ebenfalls tut. Wie ist er nur schön, der Tiergarten. Welcher Einwohner von Berlin liebte ihn nicht?

(1911)

SPAZIEREN MUSS ICH UNBEDINGT*

Ich springe sofort in die bezügliche scharmante Situation hinein: »Erlauben Sie mir, Ihnen zu sagen«, sagte ich frei und offen zum Steuermann oder hohen Steuerbeamten, der mir sein obrigkeitliches Ohr schenkte, um dem Bericht, den ich abstattete, mit gehöriger Aufmerksamkeit zu folgen, »daß ich als armer Schriftsteller und Federführer oder *Homme de Lettres* ein sehr fragwürdiges Einkommen genieße. Von irgend welcher Vermögens-Anhäufung kann natürlich bei mir nicht die Spur zu sehen und zu finden sein. Ich stelle das zu meinem großen Bedauern fest, ohne indessen über die klägliche Tatsache zu verzweifeln oder zu weinen. Ich schlüpfe notdürftig durch, wie man sagt. Luxus treibe ich keinen; das vermögen Sie mir auf den ersten Blick anzusehen. Das Essen, das ich esse, kann als hinlänglich und spärlich bezeichnet werden. Es ist Ihnen eingefallen zu glauben, daß ich Herr und Gebieter von vielerlei Einkünften sei; ich bin aber genötigt, diesem Glauben und allen diesen Vermutungen höflich aber entschieden entgegenzutreten und die schlichte, nackte Wahrheit zu sagen, und diese lautet auf alle Fälle, daß ich überaus frei von Reichtümern, dagegen aber vollbehangen von jeder Art Armut bin, was Sie die Güte haben und vormerken wollen. Sonntags darf ich mich auf der Straße gar nicht blicken lassen, weil ich kein Sonntagskleid habe. An solidem und sparsamem Lebenswandel ähnele ich einer Feldmaus. Ein Sperling hat mehr Aussichten, wohlhabend zu werden als gegenwärtiger Berichterstatter und Steuerzahler. Ich habe Bücher geschrieben, die dem Publikum leider nicht gefallen, und die Folgen davon sind herzbeklemmend. Ich zweifle keinen Augenblick, daß Sie das einsehen und daß Sie infolgedessen meine finanzielle Lage verstehen. Bürgerliche Stellung und bürgerliches Ansehen besitze ich nicht; das ist sonnenklar. Verpflichtungen einem Menschen gegenüber, wie ich bin, scheint es überhaupt keine zu geben. Das lebhafte Interesse für die schöne Literatur ist überaus spärlich vertreten, und die schonungslose Kritik, die jedermann an unsereins Werken glaubt üben und pflegen zu dürfen, bildet eine weitere starke Ursache der Schädigung und hemmt wie ein Hemmschuh die Verwirklichung irgend eines bescheidenen Wohlstandes. Wohl gibt es gütige Gönner und freundliche Gönnerinnen, die mich von Zeit zu Zeit in der edelsten Art unterstützen; aber eine Gabe ist kein Einkommen, und eine Unterstützung ist kein Vermögen. Aus allen diesen sprechenden und doch wohl überzeugenden Gründen, mein hochgeehrter Herr, möchte ich Sie ersuchen, von jederlei Steuererhöhung, die Sie mir angekündigt haben, abzusehen, und ich muß Sie bitten, wenn nicht beschwören, meine Zahlungskraft so niedrig einzuschätzen wie nur immer möglich.«

Der Herr Vorsteher oder Herr Taxator sagte: »Man sieht Sie aber immer spazieren!«

»Spazieren«, gab ich zur Antwort, »muß ich unbedingt, um mich zu beleben und um die Verbindung mit der lebendigen Welt aufrecht zu halten, ohne deren Empfinden ich keinen halben Buchstaben mehr schreiben und nicht das leiseste Gedicht in Vers oder Prosa mehr hervorbringen könnte. Ohne Spazieren wäre ich tot, und mein Beruf, den ich leidenschaftlich liebe, wäre vernichtet. Ohne Spazieren und Bericht-Auffangen könnte ich auch keinen Bericht mehr abstatten und nicht den winzigsten Aufsatz mehr, geschweige denn eine ganze lange Novelle verfassen. Ohne Spazieren würde ich ja gar keine Beobachtungen und gar keine Studien machen können. Ein so gescheiter und aufgeweckter Mann wie Sie darf und wird das augenblicklich begreifen. Auf einem schönen und weitschweifigen Spaziergang fallen mir tausend brauchbare nützliche Gedanken ein. Zu Hause eingeschlossen, würde ich elendiglich verkommen und verdorren. Spazieren ist für mich nicht nur gesund und schön, sondern auch dienlich und nützlich. Ein Spaziergang fördert mich beruflich und macht mir zugleich auch noch persönlich Spaß und Freude; er erquickt und tröstet und freut mich, ist mir ein Genuß und hat gleichzeitig die Eigenschaft, daß er mich zu weiterem Schaffen reizt und anspornt, indem er mir zahlreiche kleine und große Gegenständlichkeiten als Stoff darbietet, den ich später zu Hause emsig und eifrig bearbeite. Ein Spaziergang ist immer voll sehenswerter und fühlenswerter bedeutender Erscheinungen. Von Gebilden und lebendigen Gedichten, von Zaubereien und Naturschönheiten wimmelt es auf netten Spaziergängen meistens, und seien sie noch so klein. Naturkunde und Landeskunde öffnen sich reizvoll und anmutvoll vor den Sinnen und Augen des aufmerksamen Spaziergängers, der freilich nicht mit niedergeschlagenen, sondern mit offenen und ungetrübten Augen spazieren muß, wenn ihm der schöne Sinn und der heitere, edle Gedanke des Spazierganges aufgehen soll. Bedenken Sie, wie der Dichter verarmen und kläglich scheitern muß, wenn nicht die mütterliche und väterliche und kindlich schöne Natur ihn immer wieder von neuem mit dem Quell des Guten und Schönen erfrischt. Bedenken Sie, wie für den Dichter der Unterricht und die heilige goldene Belehrung, die er draußen im spielenden Freien schöpft, immer wieder von der größten Bedeutung sind. Ohne Spazieren und damit verbundene Naturanschauung, ohne diese ebenso liebliche wie ermahnungsreiche Erkundigung fühle ich mich wie verloren und bin es auch. Höchst liebevoll und aufmerksam muß der, der spaziert, jedes kleinste lebendige Ding, sei es ein

Kind, ein Hund, eine Mücke, ein Schmetterling, ein Spatz, ein Wurm, eine Blume, ein Mann, ein Haus, ein Baum, eine Hekke, eine Schnecke, eine Maus, eine Wolke, ein Berg, ein Blatt oder auch nur ein armes weggeworfenes Fetzchen Schreibpapier, auf das vielleicht ein liebes gutes Schulkind seine ersten ungefügen Buchstaben geschrieben hat, studieren und betrachten. Die höchsten und niedrigsten, die ernstesten und lustigsten Dinge sind ihm gleicherweise lieb und schön und wert. Keinerlei empfindsamliche Eigenliebe und Leichtverletzlichkeit darf er mit sich tragen. Uneigennützig und unegoistisch muß er seinen sorgsamen Blick überallhin schweifen und herumstreifen lassen; ganz nur im Anschauen und Merken der Dinge muß er stets fähig sein aufzugehen, und sich selber, seine eigenen Klagen, Bedürfnisse, Mängel, Entbehrungen hat er, gleich dem wackeren, dienstbereiten und aufopferungsfreudigen erprobten Feldsoldaten, hintanzustellen, gering zu achten und zu vergessen. Im andern Fall spaziert er nur mit halber Aufmerksamkeit und mit halbem Geist, und das ist nichts wert. Er muß jederzeit des Mitleides, des Mitempfindens und der Begeisterung fähig sein, und er ist es hoffentlich. Er muß in den hohen Enthusiasmus hinaufzudringen und sich in die tiefste und kleinste Alltäglichkeit herunterzusenken und zu neigen vermögen, und er kann es vermutlich. Treues, hingebungsvolles Aufgehen und Sichverlieren in die Gegenstände und eifrige Liebe zu allen Erscheinungen und Dingen machen ihn aber dafür glücklich, wie jede Pflichterfüllung den Pflichtbewußten glücklich und reich im Innersten macht. Geist, Hingabe und Treue beseligen ihn und heben ihn hoch über seine eigene unscheinbare Spaziergängerperson hinaus, die nur zu oft im Geruch und schlechten Rufe des Vagabundierens und unnützen Herumstreichens steht. Seine mannigfaltigen Studien bereichern und belustigen, besänftigen und veredeln ihn und streifen mitunter, so unwahrscheinlich das auch klingen mag, hart an exakte Wissenschaft, die dem scheinbar leichtfertigen Bummler niemand zutraut. Wissen Sie, daß ich hartnäckig und zäh im Kopfe arbeite und oft im besten Sinn tätig bin, wo es den Anschein hat, als ob ich ein gedankenlos und arbeitslos im Blauen oder im Grünen mich verlierender, saumseliger, träumerischer und träger, schlechtesten Eindruck machender Erztagedieb und leichtfertiger Mensch ohne Verantwortung sei? Geheimnisvoll und heimlich schleichen dem Spaziergänger allerlei schöne feinsinnige Spaziergangsgedanken nach, derart, daß er mitten im fleißigen, achtsamen Gehen innehalten, stillstehen und horchen muß, daß er über und über von seltsamen Eindrücken und bezaubernder Geistergewalt benommen und betreten ist und er das Gefühl hat, als müsse er plötzlich in die Erde hinabsinken oder als öffne sich vor seinen geblendeten, verwirrten Denker- und Dichteraugen ein Abgrund. Der Kopf will ihm abfallen, und die sonst so lebendigen Arme und Beine sind ihm wie erstarrt. Land und Leute, Töne und Farben, Gesichter und Gestalten, Wolken und Sonnenschein drehen sich wie Schemen rund um ihn herum, und er muß sich fragen: ›Wo bin ich?‹ Erde und Himmel fließen und stürzen mit einmal in ein blitzendes, schimmerndes, übereinanderwogendes, undeutliches Nebelgebilde zusammen; das Chaos beginnt, und die Ordnungen verschwinden. Mühsam versucht der Erschütterte seine gesunde Besinnung aufrecht zu halten; es gelingt ihm, und er spaziert vertrauensvoll weiter. Halten Sie es für ganz und gar unmöglich, daß ich auf einem weichen geduldigen Spaziergang Riesen antreffe, Professoren die Ehre habe zu sehen, mit Buchhändlern und Bankbeamten im Vorbeigehen verkehre, mit angehenden jugendlichen Sängerinnen und ehemaligen Schauspielerinnen rede, bei geistreichen Damen zu Mittag speise, durch

Wälder streife, gefährliche Briefe befördere und mich mit tükkischen ironischen Schneidermeistern wild herumschlage? Das alles kann vorkommen, und ich glaube, daß es in der Tat vorgekommen ist. Den Spaziergänger begleitet stets etwas Merkwürdiges, Gedankenvolles und Phantastisches, und er wäre dumm, wenn er dieses Geistige nicht beachten oder gar von sich fortstoßen würde; aber das tut er nicht; er heißt vielmehr alle sonderbaren, eigentümlichen Erscheinungen willkommen, befreundet und verbrüdert sich mit ihnen, weil sie ihn entzücken, macht sie zu gestaltenhaften wesenvollen Körpern, gibt ihnen Bildung und Seele, wie sie ihrerseits ihn beseelen und bilden. Ich verdiene mit einem Wort mein tägliches Brot durch Denken, Grübeln, Bohren, Graben, Sinnen, Dichten, Untersuchen, Forschen und Spazieren so sauer wie irgend einer. Indem ich vielleicht die allervergnügteste Miene schneide, bin ich höchst ernsthaft und gewissenhaft, und wo ich weiter nichts als zärtlich und schwärmerisch zu sein scheine, bin ich ein solider Fachmann! Ich hoffe, daß alle diese eingehenden Aufklärungen Sie von meinen ehrlichen Bestrebungen überzeugen und Sie vollauf befriedigen.«

Der Beamte sagte: »Gut!«, und er fügte bei: »Ihr Gesuch betreffs Bewilligung möglichst niedrig zu veranschlagenden Steuersatzes werden wir näher prüfen und Ihnen diesbezüglich baldige abschlägige oder einwilligende Mitteilung machen. Für freundlich abgelegten Wahrheitsbericht und eifrig geleistete ehrliche Aussagen dankt man Ihnen. Sie dürfen einstweilen abtreten und Ihren Spaziergang fortsetzen.«

(1917)

Ich hatte Schritte getan, die sich als nutzlos erwiesen, und ging nun auf die Straße, erregt, betäubt. Zuerst war ich wie blind und meinte, keiner sehe mehr den andern, alle seien erblindet, und das Leben stocke, weil alles irr umhertaste.

Angespannte Nerven ließen mich die Dinge besonders scharf empfinden. Kalt stiegen die Fassaden vor mir auf. Köpfe, Kleider kamen hastig daher und verschwanden wie Spukgestalten.

Ein Zittern durchlief mich; kaum wagte ich vorwärtszugehen. Ein Eindruck nach dem andern packte mich an. Ich und alles schwankte. Alle, die hier gingen, hatten einen Plan, ein Geschäft. Soeben hatte auch ich eine Absicht; doch jetzt war ich planlos, forschte aber schon wieder und hoffte, etwas zu finden.

Im Gewühle wimmelte es von Energie. Jeder war im Geiste der Vorderste. Männer, Frauen schwebten vorbei. Alle schienen nach ein und demselben Ziel zu streben. Woher kamen und wohin gingen sie?

Einer war dies, der andere das, der dritte nichts. Viele wurden getrieben; lebten ohne Zweck, ließen sich da- und dorthin werfen. Sinn fürs Gute blieb unbenützt; Intelligenz griff in ein Leeres; manche schöne Kraft fruchtete wenig.

Abend war's; die Straße glich einem Phänomen. Tausende gingen hier täglich. Sonstwo gab es keinen Platz. Frühmorgens waren sie frisch; nächtlings müde. Sie erreichten vielmals nichts. Tätigkeiten rollten übereinander, und die Tüchtigkeit rieb sich oft vergeblich auf.

Wie ich so ging, traf mich der Blick eines Herrschaftskutschers. Da sprang ich auf einen Omnibus, fuhr eine Strecke weit, sprang ab, trat in ein Restaurant, um etwas zu essen, und ging dann wieder hinaus.

Gleichmäßig lief und floß es. In allem war ein Dunst, ein Hoffen. Menschenkenntnis verstand sich von selbst. Jeder wußte vom andern im Nu ziemlich alles, aber das Innenleben blieb ein Geheimnis. Seele erneuert sich fortwährend.

Räder knarrten, Stimmen wurden laut; dennoch war das Ganze seltsam still.

Ich wollte mit jemand reden, fand aber keine Zeit; wünschte mir einen festen Punkt, entdeckte ihn nicht. Mitten im ununterbrochenen Vorwärts hatte ich Lust stillzustehen. Das Viele und Schnelle war zu viel und ging zu schnell. Alle entzogen sich allen. Es rann wie ein Rinnendes, ging fort, als ob es zergehe; kam wie mechanisch und entfernte sich ebenso. Alles war schemenhaft, auch ich.

Mit einmal sah ich in all der Hast und Eile etwas unsäglich Träges und sagte mir: »Diese angehäufte Gesamtheit will und tut nichts. Sie sind ineinander verknäuelt; rühren sich nicht, sind wie eingesperrt; überlassen sich dumpfer Gewalt, sind aber selber die Macht, die auf ihnen liegt und Geister und Glieder fesselt.«

Im Vorübergehen sprachen die Augen einer Frau: »Komm mit mir. Geh vom Strudel weg, laß das Vielerlei, bleibe bei der einen, die dich stark machen wird. Wenn du mir treu bist, wirst du reich sein. Im Getümmel bist du arm.«

Schon wollte ich dem Ruf gehorchen, doch der Strom zog mich fort. Die Straße war gar zu hinreißend.

Dann kam ich aufs Feld, wo alles still war. Ein Eisenbahnzug mit roten Fenstern sauste nah vorbei. Von fern war das Gewoge, das unaufhörliche feine Donnern des Verkehrs leise hörbar.

Ich ging den Wald entlang und murmelte ein Gedicht von Brentano. Der Mond blickte durch die Äste.

Plötzlich bemerkte ich in geringer Entfernung einen Menschen, der stockstill stand und mir aufzulauern schien.

Ich ging um ihn herum, ihn beständig im Auge behaltend, was ihn verdroß; denn er rief zu mir: »Komm doch her und schau mich ordentlich an. Ich bin nicht, was du glaubst.«

Ich ging zu ihm hin. Er war wie irgendeiner; sah nur sonderbar aus, weiter nichts. Dann ging ich wieder dorthin, wo das Licht, wo die Straße war.

(1919)

WALTER

In einem Biergarten setzte sich ein durstiger Wanderer. »Fräulein, geben Sie mir ein Großes«, sprach er mit verhaltenem Nachdruck. Eine vagabundische Eleganz zeichnete ihn aus. Der Garten besaß eine angemessene Größe, man könnte auch sagen: Stattlichkeit. Der Wanderer hieß Walter. O, nicht wahr, das ist ein lieber Name, so eine deutsche Eichenwaldsbezeichnung, ein Farnkrauttitel. Von den Bäumen des Gartens fiel und flog welkes Laub auf die Tische und Bänke herab. Das große Glas kam nun auch mitsamt seiner es tragenden Bedienerin oder Aufwartefrau daher. Walter nahm einen Schluck, und der Schluck blieb innerhalb gewisser Grenzen, d. h. er war vorsichtig. Unweit saßen zwei Männer, ein Voller und ein Verständiger. Der Volle machte in seiner Betrunkenheit oder Vollheit unpassende Bemerkungen, woraufhin es aus des Verständigen Mund unverständig herausrutschte: »Du Fötzelcheib, wart nur!« sprach er. Indem sich der Verständige immer tiefer in eine Unverständigkeit hineinredete, kam der Unvernünftige, d. h. Volle zu Verstand und Vernunft, ließ ganz ergebenst seinen Kopf und den Hals hinabhängen, stützte devotest, als wäre er mit all seiner Schicksalhaftigkeit denkbar einig, den Kopf in den sanft einwilligenden Ellbogen. Der Klarblickende blickte jetzt lange nicht so klar wie der Unklargewesene und Unsichere, der seiner ziemlich sicher geworden war, indem er die Fötzelhüng usw. gescheit akzeptierte. Der Vorwurfausgeber ging jetzt fort und sagte: »Komm mir nach, Du bekommst dann ...« Was unter diesem Bekommen zu verstehen gewesen sein könnte, wußte der, der still sitzen blieb. »Du kommst nicht, gäll. Du weißt warum«, rief wieder der zum Sitzengebliebenen zurück, der es für gut fand, in Anderweitigkeit hinauszugehen. Walter, der Wanderer, fand die Auseinandersetzung der beiden so köstlich, daß ihn ein Lachen ankam, und dann kam es ihn an, zur Kegelbahn zu gehen, die mit dürren Blättern, mit stimmungsvollen Herbstblättern überschüttet war. Drei Kegel lagen am Boden wie Tote auf einem Schlachtfeld nach beendigtem Gemetzel. O und die, die noch aufrecht standen, wie sahen sie abgenützt, zerhäutet, zerschunden aus. Walter stand ganz treuherzig eine erkleckliche Weile vor dem ergreifenden Schauspiel. Die hölzernen Kugeln mit ihren Einschnitten zum handlichen Gebrauch erschienen ihm wie runde Gesichter, wie abgehauene Köpfe etwa in Revolutionen oder wie Kanonenkugeln. Ihm fielen Holzschnitte aus Ritterbüchern ein, er lüftete vor dem Fräulein, dem er den Genuß des Großen zu verdanken hatte, freundlich den Hut und war wieder ein Wanderer, der sichtlich leicht dahinschritt, den Boden bloß mit den Schuhen so streifend, und es kamen ihm Menschen entgegen, ein Zug von Männern und Mädchen, in deren Mitte Fahnen wehten. In der septemberlichen Allee nahm sich der Zug, der sich gewissermaßen äußerst friedlich bewegte, recht sonntäglich aus, es war nämlich Sonntag. Die Fahnen lächelten und einige der Leute und Walter auch. Heißt nicht ein jugendlicher Held in einem Theaterstück so? Ich meine es glauben zu sollen. Walter lächelte auch speziell noch über seinen drolligen Vollen, von dem er mit einer gewissen Anerkennung dachte, weil er so schön und stark nachgab, auf sich sitzen ließ, was auf ihn herabflog, und gleichsam dann die Situation gewann, indem er seinen Kopf über sich schüttelte und über sich und den anderen sann. Reizend ist Wandern.

(1924)

DIE STRASSE (II)

In Gedanken ging ein Mann durch die Straße, die ich mir darzustellen Mühe geben will. Sein Hut saß tief, so daß sein Gesicht nur zur Hälfte zum Vorschein kam. Er sah, als er in die Nähe eines Platzes kam, der mit Bäumen geziert war, einen jungen, eleganten Herrn auf einer der Bänke sitzen, die zum Ausruhen und Sichbesinnen geschaffen sind. Ein bißchen Wind wehte. Ob's ein Ost- oder Westwind war, wurde nicht spürbar. Aus dem Fenster eines benachbarten Bureaus klang das hämmerlige Klappern einer amtierenden Schreibmaschine. Wer war der Bonvivant auf der Bank unter den hie und da mit feiner Gleichgültigkeit zappelnden Blättern? Einer, der seine gutbezahlte Stelle verscherzt hatte? Jetzt schien er die Absicht zu haben, entweder eine geeignete weibliche Bekanntschaft anzubahnen oder, falls sich dies nicht realisieren ließe, eine Art Bekenntnisroman zu schreiben. Man sah ihm an, er besitze eine gewisse Bildung, sei so weit intelligent, leide wahrscheinlich nur an Charakterfestigkeitsmangel und Abwesenheit von Zähigkeit und Ausdauer. Spatzen piepsten im Grünen auf eine so vögelig-unbesorgte Weise, daß man glaubte, sie belustigten sich über das Menschenleben und seine zahlreichen bänglichen Bedenklichkeiten. Ein Brunnen verschönerte den Platz mit seiner plätschernden Gegenwart. Aus vier dünnen Röhren sprang Wasser in ein achteckiges Bekken. An einem Kettchen war ein Trinkbecherchen befestigt.

Während der Mann, der zweifellos auf das, was man eine Vergangenheit nennt, zurückzublicken vermochte, langsam weiterging, regnete es eine kurze Zeit lang, wonach wieder die Sonne anfing, heiter zu scheinen. Der Himmel wurde lichtblau, und weiße Wolken flogen über die Häuser in die Ferne.

Die Häuserreihen zu beiden Seiten der Straße hatten gleichsam etwas Boulevardhaftes, Pariserisches. Sie deuteten mit ihren Fassaden auf die Leichtigkeit hin, zu Geld zu kommen, in kurzer Zeit gute Geschäfte zu machen. Wer in einem dieser Häuser eine angemessene, vier- bis fünfzimmerige Wohnung innehatte, der ließ sich's verhältnismäßig wohl sein, aß artig und gediegen, nicht zu üppig, nicht zu kärglich, sondern so, wie sich's schickte. Schwalben zwitscherten um die Dächer. Dem auf und ab spazierenden Beschauer fielen einige Schaufenster auf, unter andern das eines Geschirrgeschäftes. Soeben trat jemand in den ungemein lebendig und anziehend aussehenden Laden hinein. Wenige Schritte weiter lag oder befand sich eine Papierwarenhandlung, deren Artikel einen ans Briefschreiben mahnte, das häufiger, als wünschenswert ist, verschoben oder ganz und gar vermieden wird. Hier kauften Schüler und Schülerinnen ihre Schreibhefte und Federn. Der Mann, der in der Welt allerlei erlebt haben mochte, trat erfrischungshalber in ein Restaurant, ließ sich an einem Tisch nieder, bestellte, was er zu sich zu nehmen wünschte, sprach mit der hübschen Serviertochter, die fürs Herstellen einer Zeitschriftsillustration ein passendes Modell gewesen sein könnte, einige freundliche Worte und begab sich dann von neuem auf die Straße hinaus. Zufällig in die Höhe schauend, gewahrte er den Kopf eines aus der und der Etage herabblickenden Mädchens, die sich vielleicht in diesem Augenblick nach irgend etwas sehnte, weil sie sich zeitweilig vereinsamt sah. Ein Herr, der sich bei jeder Bewegung wohlwollend auf der Schaukel seines Wesens wiegte, kam dem Wandernden, der durch die Straße schlenderte, nett und nachlässig entgegen. Welch einen durchweg günstigen Eindruck mußte nicht auf jeden Fall eine Erscheinung hervorrufen, die ein Mensch war, der es sichtlich zu etwas Leitendem, Einflußreichem gebracht hatte! Auf einem Balkon ließ sich eine anscheinend von den Umständen, worin sie lebte, verwöhnte, schlanke, feine, vornehme Frau sehen, deren Gesicht einen Zug von Kummer aufwies. Es konnte sein, daß ihr Sohn, der in einer fernen Metropole lebte und hart, ich meine, andauernd mit sich und seinen Eigenwilligkeiten, die vielleicht zu stark ausgeprägt waren, rang, ihr Sorgen bereitete. Wer viel will, macht Beobachtungen an sich und seiner Umgebung, die belastend, hemmend den Flug schönen Strebens aufhalten. Der Mann lächelte gutmütig, als er ein flinkes Dienstmädchen mit einem bis zum Rand mit Eingekauftheiten gefüllten Marktkorb im Arm einhereilen sah.

Es schien, er komme von weit her, niemand kannte ihn. Das gutgepflegte, glatte Trottoir anerkannte er.

(1932)

DER BAHNHOF (II)

Etwas vom Sinnreichsten und Zweckmäßigsten, was die neue Zeit in technischer Hinsicht hervorbrachte, ist meiner Ansicht nach der Bahnhof. Täglich, stündlich laufen Züge entweder in ihn hinein oder aus ihm fort, Menschen jederlei Alters und Charakterschlages und von jeder Berufsart in die Ferne führend oder nach Hause leitend. Welch ein Lebensschauspiel bietet er dar, über den ich hier mit Vergnügen referiere, ohne ihn allzu eingehend zu schildern, da ich nicht Fachmann bin. Ich schaue ihn eher von der allgemeinverständlichen Seite an und hoffe hiezu berechtigt zu sein. Schon das Bild, das der Bahnhof mit dem Kommen und Gehen von Leuten zusammensetzt, kann als denkbar angenehm bezeichnet werden, und dann sind ja speziell all die Geräusche, das Rufen, Sprechen, Räderrollen und das Hallen der eiligen Schritte belebend und erfreulich. Hier verkauft ein Frauchen Zeitungen, dort werden Pakete und Köfferchen am Gepäckschalter zum Aufbewahren für soundso lange Zeit abgegeben. Fahrkarten werden erbeten und verabreicht, wobei das dienliche Geld graziös klingelt. Rasch nimmt einer, bevor er verreist, im Speisesaal einen Teller Suppe oder eine Wurst zu sich, damit er sich gestärkt wisse. In den geräumigen Wartezimmern harren männliche und weibliche Wanderlustige, solche, die vor einer Vergnügungsfahrt stehen und solche, die ernsthafte Geschäftszwecke, kaufmännische oder gewerbliche Absichten vorhaben und auf Existenzdinge abzielen. Bücher liegen in einem Kiosk zur Schau und zum Kauf aus, sei es lediglich unterhaltende, spannende oder wertvolle Lektüre. Man braucht nur die Hand nach etwas Bildendem auszustrecken und den Preis hiefür zu entrichten. Anderswo trifft man Früchte wie

Äpfel, Birnen, Kirschen und Bananen an. Plakate erzählen dir, was es in aller Herren Ländern Interessantes, Sehenswertes gibt, beispielsweise eine alte Stadt, Quais mit Hotelpalästen, einen Berggipfel, eine imposante Kathedrale oder eine Palmenlandschaft mit Pyramiden. Allerlei Bekannte und Unbekannte gehen an dir vorüber. Ich selbst bin bald bekannt, bald fremd. Oft marschieren ganze Vereine achtungweckend durch die Halle, die ein Raum ist, der das Maschinenzeitalter veranschaulicht und etwas Internationales verkörpert. Beinahe romantisch mutet der Gedanke an, daß durch alle Länder während der sonnigen Tageszeit oder in den Nächten rastlos Züge hin- und herfahren. Welch ein weitverzweigtes Bildungs- und Zivilisationsnetz wird hiezu vorausgesetzt. Man kann Einrichtungen, die man geschaffen hat, Institutionen, die ins Leben gerufen wurden, nicht abschütteln. Was ich leiste, zustande bringe, verpflichtet mich. Meine Tätigkeit ist mir überlegen.

Schön ist, wenn auf dem Bahnhof eine Trennung stattfindet oder sich ein Wiedersehen zuträgt und abspielt.

(1932/1933)

IV
»FEINSINNIGE SPAZIERGANGSGEDANKEN«

ABER FERIEN, WAS IST DAS!*

»Ich suche eine Stelle.«

»Sie haben schon zu wiederholten Malen Stelle gesucht bei uns, man möchte versucht sein, zu sagen: Sie suchen mit einer unheimlichen Schnelligkeit Stellen.« Der Mann lachte, aber leise, denn eines groben Lachens war er doch nicht fähig. »Wo waren Sie denn zuletzt beschäftigt, wenn man Sie fragen darf?«

Simon erwiderte: »Ich war Krankenwärter, und es stellte sich heraus, daß ich alle Eigenschaften besitze, um die Kranken pflegen zu können. Warum staunen Sie so sehr bei dieser Eröffnung? Ist es so fürchterlich seltsam, wenn ein Mann in meinem Alter verschiedenen Berufsarten nachgeht, wenn er den Versuch macht, sich den verschiedenartigsten Menschen nützlich zu erweisen. Ich finde das hübsch an mir, weil ich dabei etwas tue, was einen gewissen Mut erfordert. Mein Stolz wird in keiner Weise verletzt dadurch, im Gegenteil, ich bilde mir etwas darauf ein, allerhand Lebensaufgaben lösen zu können und nicht vor Schwierigkeiten zu zittern, vor denen die meisten Menschen zurückschrecken. Man kann mich brauchen, diese Gewißheit genügt mir, um meinen Stolz zu befriedigen. Ich will nützlich sein.«

»Warum sind Sie denn nicht bei dem Krankenwärterberuf geblieben?« fragte der Mann.

»Ich habe keine Zeit, bei einem und demselben Beruf zu verbleiben,« erwiderte Simon, »und es fiele mir niemals ein, wie so viele andere, auf einer Berufsart ausruhen zu wollen wie auf einem Sprungfederbett. Nein, das bringe ich, und wenn ich tausend Jahre alt werde, nicht fertig. Lieber gehe ich unter die Soldaten.«

»Passen Sie auf, daß es nicht mit Ihnen noch so weit kommt.«

»Es gibt auch noch andere Auswege. Das mit den Soldaten ist eine flüchtige Redensart von mir, die ich mir angewöhnt habe, um meine Reden zu beschließen. Was hat ein junger Mann, wie ich, nicht für Auswege. Ich kann, wenn es Sommer ist, zu einem Bauern gehen, ihm auf dem Felde helfen, daß die Ernte beizeiten unter Dach kommt, er wird mich willkommen heißen und meine Kraft schätzen. Er wird mir zu essen geben, gutes Essen, denn man kocht gut auf dem Lande, er wird mir, wenn ich von ihm wegziehe, etwas Bargeld in die Hand drücken, und seine junge Tochter, ein frisches, bildschönes Mädchen, wird mir zum Abschied zulächeln, in einer Weise, daß ich lange daran denken muß, während ich weiter wandere. Was schadet es, zu wandern, auch wenn es regnet oder gar schneit, wenn man seine gesunden Glieder hat und sich weiter keine Sorgen macht. Sie, in Ihrer gedrückten Enge, stellen sich nicht vor, wie köstlich das Laufen auf Landstraßen ist. Sind sie staubig, so sind sie es eben, wer frägt da lange darnach. Nachher sucht man sich an einem Waldrande ein kühles Plätzchen aus, wo der Blick, wenn man so daliegt, die herrlichste Aussicht genießt, wo die Sinne auf eine natürliche Weise ausruhen und die Gedanken nach Lust und Geschmack denken können. Sie werden mir entgegenhalten, das könne ein anderer, zum Beispiel Sie selber, auch haben, während Ihrer Ferien. Aber Ferien, was ist das! Darüber kann ich nur lachen. Ich will mit Ferien nichts zu tun haben. Ich hasse die Ferien geradezu. Verschaffen Sie mir nur nicht einen Posten mit Ferien. Das hat nicht den geringsten Reiz für mich, ja ich würde sterben, wenn ich Ferien bekäme. Ich will mit dem Leben kämpfen, bis ich meinetwegen umsinke, will weder Freiheit noch Bequemlichkeit kosten, ich hasse die Freiheit, wenn ich sie so hingeworfen bekomme, wie man einem Hund einen Knochen hinwirft. Da haben Sie Ihre Ferien. Wenn Sie etwa denken, Sie hätten in mir einen Menschen vor sich, den es nach Ferien gelüstet, so irren Sie sich, aber ich habe leider alle Ursache, zu vermuten, Sie denken so von mir.«

»Hier ist eine Aushilfsstelle bei einem Advokaten zu besetzen, für ungefähr einen Monat. Paßt Ihnen das?«

»Gewiß, mein Herr.«

Damit war Simon beim Advokaten.

(1907)

ES IST SO SÜSS, ZU BLEIBEN*

Er lächelte und fragte Simon: »Was sind Sie?«

»Ich bin in meinem eigenen Lande ein sonderbarer Geselle,« antwortete Simon, »ich bin eigentlich Schreiber, und Sie können sich leicht denken, was ich da für eine Rolle in meinem Vaterlande spiele, wo der Schreiber so ziemlich der letzte Mensch ist, den es in der Rangordnung der Klassen gibt. Andere junge Handelsbeflissene reisen, um sich auszubilden, in das ferne Ausland, und kommen dann mit einem ganzen Sack voller Kenntnisse wieder heim, wo ihnen ehrenvolle Stellen offen gehalten werden. Ich nun, müssen Sie wissen, bleibe immer im Lande. Es ist gerade so, als fürchte ich, daß in anderen Ländern keine oder nur eine minderwertige Sonne scheine. Ich bin wie festgebunden und sehe immer Neues im Alten, deshalb vielleicht gehe ich so ungern fort. Ich verkomme hier, ich sehe es wohl, und trotzdem, ich muß, so scheint es, unter dem Himmel meiner Heimat atmen, um überhaupt leben zu können. Ich genieße natürlich wenig Achtung, man hält mich für liederlich, aber das macht mir so nichts, so gar nichts aus. Ich bleibe und werde wohl bleiben. Es ist so süß, zu bleiben. Geht denn die Natur etwa ins Ausland? Wandern Bäume, um sich anderswo grünere Blätter anzuschaffen und dann heimzukommen und sich prahlend zu zeigen? Die Flüsse und die Wolken gehen, aber das ist ein anderes, tieferes Davongehen, das kommt nie mehr wieder. Es ist auch kein Gehen sondern nur ein fliegendes und fließendes Ruhen. Ein solches Gehen, das ist schön, meine ich! Ich blicke immer die Bäume an, und sage mir, die gehen ja auch nicht, warum sollte ich nicht bleiben dürfen? Wenn ich im Winter in einer Stadt bin, so reizt es mich, sie auch im Frühling zu sehen, einen Baum im Winter, ihn auch im Frühling prangen und seine ersten, entzückenden Blätter ausbreiten zu sehen. Nach dem Frühling kommt immer der Sommer, unerklärlich schön und leise, wie eine glühende, große, grüne Welle aus dem Abgrund der Welt herauf, und den Sommer will ich doch hier genießen, verstehen Sie mich, mein Herr, hier, wo ich den Frühling habe blühen sehen. Da ist zum Beispiel dieses kleine Wiesen- oder Rasenbord. Wie süß ist das im Vorfrühling anzusehen, wenn der Schnee eben unter der Sonne darauf zerronnen ist. Aber um diesen Baum und um dieses Bord und um diese Welt handelt es sich: ich glaube, ich würde an anderen Orten den Sommer nicht bemerken. Die Sache ist die: ich habe eine recht verteufelte Lust, hier am Fleck zu bleiben und eine ganze Menge unlustiger Gründe, die mir das Reisen ins Ausland verbieten. Zum Beispiel: hätte ich etwa Reisegeld? Sie werden wissen, man braucht Geld, um mit der Eisenbahn oder mit dem Schiff zu fahren. Ich habe noch Geld für etwa zwanzig Mahlzeiten; aber ich habe kein Reisegeld. Und ich bin froh, daß ich keines habe. Mögen andere reisen und klüger heimkommen. Ich bin klug genug, eines Tages hier im Lande mit Anstand zu sterben.«

Nach einem kurzen Stillschweigen, während dessen der Krankenwärter ihn unverwandt anblickte, fuhr er fort:

»Und dann habe ich auch gar kein Verlangen darnach, Karriere zu machen. Was andern das meiste ist, ist mir das mindeste. Ich kann das Karrieremachen in Gottes Namen nicht achten. Ich mag leben, aber ich mag nicht in eine Laufbahn hineinlaufen, was so etwas Großartiges sein soll. Was ist Großartiges dabei: frühzeitig krumme Rücken vom Stehen an zu kleinen Pulten, faltige Hände, blasse Gesichter, zerschundene Werktagshosen, zittrige Beine, dicke Bäuche, verdorbene Mägen, kahle Platten auf den Schädeln, grimmige, anschnauzige, lederne, verblaßte, glutlose Augen, abgemergelte Stirnen und das Bewußtsein, ein pflichtgetreuer Narr gewesen zu sein. Ich danke! Ich bleibe lieber arm aber gesund, verzichte auf eine Staatswohnung, zugunsten eines billigen Zimmers, wenn es auch auf die dunkelste Gasse hinausgeht, lebe lieber in Geldverlegenheiten als in der Verlegenheit, wo ich sommers hinreisen soll, um meine verdorbene Gesundheit aufzuputzen, bin allerdings nur von einem einzigen Menschen geachtet, nämlich von mir selber, aber das ist einer, an dessen Achtung mir am meisten liegt, bin frei und kann jedesmal, wenn es die Notwendigkeit verlangt, meine Freiheit für einige Zeitlang verkaufen, um nachher wieder frei zu sein. Es lohnt sich, um der Freiheit willen arm zu bleiben. Ich habe zu essen; denn ich besitze das Talent, mit ganz Wenigem satt zu werden. Ich werde rasend, wenn man mir mit dem Wort und mit der Zumutung kommt, die in dem Worte ›Lebensstellung‹ liegt. Ich will Mensch bleiben. Mit einem Wort: ich liebe das Gefährliche, das Abgründige, Schwebende und das Nicht-Kontrollierbare!«

»Sie gefallen mir,« sagte der Krankenwärter.

(1907)

DAS LIEBESPAAR

Sie und er gingen zusammen spazieren. Allerlei reizende Gedanken kamen ihnen in den Kopf, doch jedes behielt hübsch für sich, was es dachte. Der Tag war schön, wie ein Kind, das in der Wiege oder im Arm seiner Mutter liegt und lächelt. Die Welt war zusammengesetzt aus lauter Hellgrün und Hellblau und Hellgelb. Grün waren die Wiesen, blau war der Himmel, und gelb war das Kornfeld. Blau war wieder der Fluß, der sich in der Ferne, zu des wohligen Hügels Füßen, durch die lichte, süße, warme Gegend schlängelte, welche, wie wir bereits angedeutet haben, einem Kinderlächeln an Schönheit und Lieblichkeit glich. Die beiden, die durch die Landschaft gingen, schwiegen. Er hatte ihr etwas zu sagen, und sie, sie fühlte es. Sie ging neben ihm her in der Erwartung dessen, was er ihr sagen sollte. Längst schon hatte er ihr sagen wollen, was er jetzt willens war zu sagen, und längst schon hatte sie gehofft, er werde ihr endlich einmal sagen, was ihm, wie sie sah, auf den Lippen schwebte. Eine Liebeserklärung, eine stotternde, lag ihm auf den Lippen, und sie sah das. Seine Augen und der Ton seiner Stimme hatten ihr längst gestanden, daß er sie liebe. Sie fühlte, daß sie reizend sei für ihn, und indem sie dies fühlte, umstrickte sie ihn immer noch mehr mit ihren Reizen, ohne es fast zu wollen. Gibst du einem Mädchen zu verstehen, daß sie schön sei, so ist sie dadurch um so viel schöner, als du Verständnis zeigst. Nie ist eine Frau so reizend als dann, wenn sie sieht, daß sie reizt. Also wurde denn die, die hier ging, nur immer reizender, je weniger sie mehr zu fürchten brauchte, es gebreche ihr an der Kunst und an der Kraft, ihn, der dicht neben ihr herging, zu fesseln. Sie betrachtete ihn im geheimen bereits als ihren Gefangenen, und sie fühlte, daß sie für ihn der Zaubergarten sei voll von verführerischen Düften, daß sie für ihn das Netz sei, in dessen Wunderfäden er sich verstrickt hatte. Sie war sein Meer, in dessen Fluten er ertrunken war – sie war das Gesetz, dem er gehorchte. Er legte jetzt, statt irgend etwas zu sagen, seinen Arm um ihren schlanken Leib, und damit war bereits alles getan, um die beiden in gleich hohem Maß oder Unmaß zu beglücken. Damit war alles gesagt, was er ihr schon so lange hatte sagen wollen und hatte sagen sollen, und alles gestanden, was er Süßes um ihretwillen fühlte. Sie kamen nun in einen kleinen, aber wunderbaren Wald hinein, der ihnen wie ein Liebesort erschien. Es war so still, so grün, so dunkel im Wald wie in einer uralten Kirche. Der Waldboden glich einem grünen Teppich, einem grünen Bett. Kein Fürstensaal in alter und neuer Welt war je so schön wie dieser liebe grüne Wald, der sie wie mit weichen Märchenarmen umfing. Hier nun fing ein sanftes, überinniges und überübersüßes Küssen an, als schnäbelten und liebkosten sich zwei Waldvögelchen in der Weltabgeschiedenheit, verloren und verborgen in Verborgenheiten und Verlorenheiten. Bisher Stümper in der Liebe, war er mit einmal ein Meister geworden. Er erdrückte und erstickte sein Mädchen nicht mit Küssen; er setzte nur Lippe an Lippe und beharrte so in einem langen, langen, himmlischen Brennen, die Hand ganz zart an ihr Haar gedrückt. Es war nichts mehr da als der Wald und der Kuß, als die Stämme im Wald und die beiden glücklichen Menschen, als die ununterbrochene Stille und der ununterbrochene süße, herrliche Kuß.

(1914)

DER LIEBESBRIEF

Ich habe einen kleinen sorgfältigen Streifzug in die Gegend hinaus gemacht, damit ich dir mitteilen könne, was ich Schönes gesehen habe. Auf dem Weg hatte ich allerlei Einfälle, doch sie mußten sich alle wieder auf und davon machen und mußten verschwinden neben dem Gedanken, der sich nur mit dir beschäftigte, du liebes Mädchen, du süßes, liebes Wesen. In meinen Gedanken gingest du neben mir und vor mir her. Ich war, indem ich so ging, ganz nur Denken, ganz nur Sinnen, ganz nur Gedanke, ganz nur treues, zartes Bei-dir-sein. Lächelst du? Bald sollst du noch mehr über mich zu lächeln haben mit deinem lieben Mund. Es ist schön für einen Mann, treu an seinem Mädchen zu hängen und sich zu sehnen mit leiser immerwährender Sehnsucht nach der Gegenwart der Holden. Ich kam in einen wunderhübschen kleinen Wald hinein, wo es still und weich und artig war, und wo die goldenen Vormittagssonnenstrahlen zwischen den Ästen und Stämmen ins grüne Heiligtum, ins grüne Waldesinnere hereinbrachen. Da ich so bei deinem Bilde war, kams mich an, die Sonnenstrahlen mit deinem hellen, wogenden Haar zu vergleichen, und als ich hinauskam aus dem zarten, kühlen, schüchternstillen Waldesdunkel in das helle, blaue, weite Freie, stand ich Wanderer wieder still. Der Himmel mit seinem sanften, lieben Blau erinnerte mich an deine Augen. Weiter ging ich, und da stand ich bald vor einem Haus mit Garten, und im Garten standen die schönsten Blumen, die ihre leichten Köpfchen so zierlich-schwankend trugen. Da stand dein Köpfchen vor mir mit seiner Stirne, Wangen und Lippen, und indem ich das Haus betrachtete, das so lieblich nach Behaglichkeit und Wohnlichkeit duftete, dachte ich, es müsse süß sein, mit dir zusammen häuslich darin zu hausen. Bald nachher traf ich Äpfel an, die an den Zweigen eines Apfelbaumes hingen und mich mit ihren roten und gelben Backen freundlich anlachten. Ich bildete mir ein, dein rundes Gesicht mit seinen roten, blaßroten Wangen lächele zauberisch aus dem Blätterwerk zu mir herab. Reizende Illusionen. Ruhig, wie es meine Art ist, und von Träumereien umfangen, ging ich meinen bescheidenen Weg weiter, der mich hügelabwärts zu einem blauen, breiten, sonnigen Strome führte. Mit sanfter, wohliger Gewalt floß das schöne Wasser dahin zwischen grünen glücklichen Ländereien. Ich dachte, wie dein sanftes, zartes Wesen mich mit Gewalt zu dir ziehe und wie ich glücklich sei darüber. Bist du glücklich? Wenn du es bist, bin ich es auch.

(1914)

DIE GÖTTIN

Ich ging einst, ganz in Gedanken, die elegante Hauptstraße entlang. Viele Menschen spazierten in derselben. Die Sonne schien so freundlich. Die Bäume waren grün, der Himmel war blau. Ich weiß nicht mehr genau, ob es Sonntag war. Ich erinnere mich nur, daß etwas Süßes, etwas Freundliches um mich war. Doch etwas noch Schöneres sollte folgen, indem sich nämlich vom ungewissen leichten Himmel herab eine schneeweiße Wolke auf die Straße niedersenkte. Die Wolke glich einem großen und graziösen Schwan, und auf dem weichen, weißen, flaumigen Rücken der Wolke saß, in liegender Haltung, den Arm nachlässig ausgestreckt, voller freundlicher, kindlicher Majestät, eine nackte Frau. So hatte ich mir stets die Göttinnen aus Griechenland vorgestellt. Die Göttin lächelte, und alle Menschen, die sie sahen, waren genötigt, mitzulächeln, bezaubert von der holdseligen Schönheit. O wie ihr Haar in der Sonne schimmerte! Mit ihren großen blauen gütigen Augen schaute sie die Welt an, die sie gleichsam mit ihrem hohen kurzen Besuch beehrte. Die Wolke flog auf, gleich einem Luftschiff, und nach kurzer Zeit war mir und allen andern der herrliche Anblick wieder entschwunden. Da gingen die Leute ins nächstgelegene Kaffeehaus und erzählten einander die wunderbare Neuigkeit. Noch schien die Sonne freundlich, auch ohne Göttin.

(1914)

Ob ich mit ihr dann den Berg hinaufgehen werde? Nein, ich glaube, es wird schöner sein, ins weiche niedere Land hineinzuspazieren mit ihr. Bergsteigen und Anstrengungen überwinden kann ich, wenn ich allein bin. Mit ihr soll es ein Lustwandeln sein wie in einem angenehmen, weichen, leichten Garten. Zu überreden werde ich sie schon wissen. Sie wird schon zu verführen sein. Will ich sie verführen? Ja! Aber ich will ihr treu sein bis weit, weit hinaus. Treue und Liebe sollen kein Ende nehmen. Wie ich schwärme! Also leise übers grüne Land soll es gehen, durch die sanfte und offenherzige Gegend, an den Menschen, an den Tieren und an den lieben, heimeligen Bauernhäusern vorbei, Bäume stehen links und rechts neben dem Weg in den Wiesen, und weiße Wolken fliegen oder liegen am hellblauen Himmel. Alles ist dort grün, weiß und blau, da und dort das zarte, alte Rot eines Hausdaches, das bis an die Erde herabreicht. Alles hell, alles freundlich, alles still. Nun und so kommen wir, denke ich mir, in einen dunklen, grünen Wald, in ein rechtes Kircheninneres von Wald, wo die hohen, schlanken, zarten Tannen wie Säulen stehen, und wo es kühl ist, daß man leise schauert. Unsere Schritte sind nicht hörbar auf dem tannenreisbelegten, weichen, braunen Boden. Wie ein Sinnbild der Treue und des liebevollen Harrens ist der Wald; bald treten wir aus dem Wald wieder heraus und sehen einen grünen Wiesenhügel mit gelben, länglichen Kornplätzen. Der Wind streicht liebkosend über das Korn und macht es wogen wie Wellen. Es ist so warm, und die Farben sind so süß. Auf dem weißen Weg gehen wir langsam weiter. Jeder Schritt ist ein Erleben, und in jedem Augenblick liegt es wie ein Ereignis. Verständlich, als wenn es ein glückliches Lächeln sei, liegt das Leben da und ist das treue, schöne Land vor unseren Augen ausgebreitet. Da erkühne ich mich, bilde ich mir ein, des Mädchens zarte Hand leise, leise anzufassen, und nun weiß sie auch schon alles, alles. Die Herrliche, sie senkt die Augen, und indem sie das tut, bindet sie mich für immer, schließt sie mich für immer ein in den weichen Kerker. – Ich bin ihr Gefangener. Ich will reden, doch alle Worte, die mir einfallen, genügen mir nicht, und so schweige ich. Eine weiße und rote Rose geht neben mir, das ist sie, sie, deren dunkler, wunderbarer Wunsch nun mein Gesetz, Stern und Regierung ist. Still hat sie gewartet, bis ich käme und sie bäte, Herrscherin zu sein – – –

(1914)

TOMZACK*

Indem ich wie ein besserer Strolch, feinerer Vagabund und Tagedieb oder Zeitverschwender und Landstreicher so des Weges ging, neben allerlei mit zufriedenem behaglichem Gemüse vollbepflanzten und vollgestopften Gärten vorbei, neben Blumen und Blumenduft vorbei, neben Obstbäumen und neben Bohnenstangen und Stauden voll Bohnen vorbei, neben hochaufragendem Getreide, wie Roggen, Hafer und Weizen vorbei, neben einem Holzplatz mit vielen Hölzern und Holzspänen vorbei, neben saftigem Gras und neben einem artig plätschernden Wässerchen, Fluß oder Bach vorbei, neben allerhand Leuten, wie lieben handeltreibenden Marktfrauen, hübsch vorbei, neben einem mit Lust- und Freudenfahnen geschmückten Vereinshaus ebenso gut wie an manchen andern gutmütigen und nützlichen Dingen vorbei, neben einem besonders schönen und lieben Feen-Apfelbäumchen vorbei und weiß der liebe Gott an was sonst noch allem Möglichen vorbei, wie z. B. auch an Erdbeerbüschen und Blüten oder besser bereits an den reifen roten Erdbeeren manierlich vorbei, währenddessen mich immer allerlei mehr oder weniger schöne und angenehme Gedanken stark beschäftigten, weil beim Spazieren viele Einfälle, Lichtblitze und Blitzlichter sich ganz von selber einmengen und einfinden, um sorgfältig verarbeitet zu werden, kam ein Mensch, ein Ungeheuer, ein Ungetüm mir entgegen, der mir die helle lichte Straße fast völlig verdunkelte, ein lang- und hochaufgeschossener unheimlicher Kerl, den ich leider nur allzu gut kannte, ein höchst sonderbarer Geselle, nämlich der Riese

Tomzack.

An allen andern Orten und auf allen andern Wegen eher als hier auf dem lieben weichen Landweg würde ich ihn vermutet haben. Seine trauervolle, schauervolle Erscheinung, sein tragisches, ungeheures Wesen flößte mir Schrecken ein und nahm alle gute, schöne und helle Aussicht und alle Froheit und Freude von mir weg. Tomzack! Nicht wahr, lieber Leser, der Name allein klingt schon nach schrecklichen und schwermütigen Dingen. »Was verfolgst du mich, was hast du nötig, mir hier mitten auf meinem Weg zu begegnen, du Unglückseliger?« rief ich ihm entgegen; doch Tomzack gab mir keine Antwort. Groß schaute er mich an, d. h. er schaute nur so von hoch oben auf mich herab; denn er überragte mich an Länge und Höhe um ein Bedeutendes. Ich kam mir neben ihm wie ein Zwerg oder wie ein kleines armes schwaches Kind vor. Mit der größten Leichtigkeit hätte mich der Riese zertreten oder erdrücken können. Ah, ich wußte, wer er war. Für ihn gab es keine Ruhe. Ruhelos ging er in der Welt umher. In keinem sanften Bett schlief er, und in keinem wohnlichen heimeligen Hause durfte er wohnen. Er hauste überall und nirgends. Heimat hatte er keine, und irgend ein Heimatrecht besaß er keins. Ohne Vaterland und ohne Glück war er; gänzlich ohne Liebe, und ohne Menschenfreude mußte er leben. Anteil nahm er nicht, und auch an ihm und an seinem Treiben und Leben nahm niemand Anteil. Vergangenheit, Gegenwart und Zukunft waren ihm eine wesenlose Wüste, und das Leben war zu gering, zu klein, zu eng für ihn. Es gab keinerlei Bedeutung für ihn, und er selbst wieder bedeutete für niemanden etwas. Aus seinen großen Augen brach ein Glanz von Überwelten- oder Unterwelten-Gram. Ein unendlicher Schmerz sprach aus seinen müden schlaffen Bewegungen. Er war nicht tot und nicht lebendig, nicht alt und nicht jung. Hunderttausend Jahre alt schien er mir zu sein, und es schien mir, als müsse er ewig leben, um ewig nicht lebendig zu sein. Er starb jeden Augenblick und vermochte dennoch nicht zu sterben. Kein Grab mit Blumen gab es für ihn. Ich wich ihm aus und murmelte für mich: »Leb wohl, und laß es dir immerhin gut gehen, Freund Tomzack.«

Ohne mich nach dem Phantom, nach dem bedauernswürdigen Koloß und Übermenschen weiter umzusehen, wozu ich wahrhaftig nicht die geringste Lust hatte, ging ich weiter und gelangte bald nachher, so in der weichen, warmen Luft ruhig weiterschreitend und den trüben Eindruck verwindend, den die fremdartige Mannes- oder vielmehr Riesengestalt auf mich gemacht hatte, in einen Tannenwald, durch den sich ein gleichsam lächelnder, schelmisch anmutiger Weg schlängelte, den ich mit Vergnügen verfolgte. Weg und Waldboden waren wie ein Teppich, und hier im Waldinnern war es still wie in einer glücklichen Menschenseele, wie in einem Tempelinnern, wie in einem Palast und verzauberten und verträumten Märchenschlosse, wie im Dornröschenschloß, wo alles schläft und schweigt seit Hunderten von langen Jahren. Tiefer drang ich hinein, und ich rede vielleicht ein wenig schön, wenn ich sage, daß ich mir wie ein Prinz mit goldenem Haar und den Körper bedeckt mit einer kriegerischen Rüstung erschien. Es war so feierlich im Wald, daß schöne und feierliche Einbildungen ganz von selber sich des empfindlichen Spaziergängers bemächtigten. Wie war ich über die süße Waldesstille und Ruhe glücklich! Von Zeit zu Zeit drang von außen her einiger schwacher Lärm in die liebliche Abgeschiedenheit und reizende Dunkelheit hinein, etwa ein Schlag, ein Pfiff oder sonst ein Geräusch, dessen ferner Schall die herrschende Geräuschlosigkeit nur noch erhöhte, die ich recht nach Herzenslust einatmete, und deren Wirkung ich förmlich trank und schlürfte. Da und dort in all der Schweigsamkeit und in all der Stille ließ ein Vogel aus dem liebreizenden und heiligen Verborgenen heraus seine heitere Stimme vernehmen. Ich stand so und horchte, und plötzlich befiel mich ein unsagbares Weltempfinden und ein damit verbundenes, gewaltsam aus der Seele hervorbrechendes Dankbarkeitsgefühl. Die Tannen standen kerzengerade wie Säulen da, und nicht das Geringste rührte sich im weiten zarten Walde, den allerlei unhörbare Stimmen zu durchklingen und zu durchhallen schienen. Töne aus der Vorwelt kamen, von ich weiß nicht woher, an mein Ohr. »O, so will denn auch ich gerne, wenn es sein soll, zu Ende gehen und sterben. Eine Erinnerung wird mich dann noch im Grabe beglücken, und eine Dankbarkeit wird mich im Tode beleben; ein Danksagen für die Genüsse, für die Freude, für das Entzücken; ein Danksagen für das Leben und eine Freude über die Freude.« Leises hohes Rauschen ließ sich, von oben aus den Tannwipfeln herabsäuselnd, vernehmen. »Hier müßte Lieben und Küssen göttlich schön sein«, sagte ich mir. Die bloßen Schritte auf dem angenehmen Boden wurden zum Genuß, und die Ruhe zündete in der fühlenden Seele Gebete an. »Hier tot zu sein und in der kühlen Walderde unauffällig begraben zu liegen, müßte süß sein. Ach, daß man den Tod im Tode fühlen und genießen dürfte! Vielleicht ist es so. Im Walde ein ruhiges kleines Grab zu haben, wäre schön. Vielleicht würde ich das Singen der Vögel und das Waldrauschen über mir hören. Ich wünschte mir das.« Herrlich fiel eine Sonnenstrahlen-Säule zwischen Eichenstämmen in den Wald herab, der mir wie ein liebes grünes Grab erschien. Bald trat ich wieder ins helle Freie hinaus und ins Leben.

(1917)

DER STUDENT

Er spazierte viel, saß dann wieder tagelang im Zimmer und las oder schrieb. Viele Männer, Frauen, Jünglinge, Mädchen, kleine Kinder sah er, das kam ihm seltsam und fragwürdig vor. Vieles was er sah, gefiel ihm. Anderes nicht, aber es beunruhigte ihn eigentlich nichts. Unruhe war nicht philosophisch, nicht studentisch. Nicht kalt, nicht gleichgültig war er gegenüber dem Leben, aber er wußte über die Wärme, über die Erregungen Herr zu bleiben. Er sehnte sich nach einem Leuchten und nach einem Durchleuchtetsein, danach trieb es ihn. Zum Leben zog es ihn, und gleichzeitig zog es ihn zu den Einsamkeiten und Wissenschaften. Zur Liebe zog es ihn, zur Musik, zur Poesie. Die freien Künste schwebten ihm vor den äußern und innern Augen wie Gestalten. Manchmal war ihm, als trage er goldenes Haar und in der Hand ein Schwert. Er bildete sich ein, er sei ein Ritter des Mittelalters, der die Welt zu durchstreifen habe, um Abenteuer zu erleben. Mitunter war er wieder wie ein Mönch, wie in einer Klosterzelle saß er da und dachte über das Rätsel der Welt. Ihm war alles rätselhaft, das Klare und Gegebene so gut wie alles Andere. Die Klarheiten führten in die Unklarheit, und aus dem Unklaren stiegen ihm oft wunderbare sanfte, hohe Klarheiten empor. Alsdann verlor es sich aber immer wieder. Der Gewinn verwandelte sich in einen Verlust; wo sich hingegen der junge Denker gänzlich verloren zu haben glaubte, wo er mit einmal Alles verloren zu haben meinte, glänzte ihn aus naher Entfernung eine ungeahnte Eroberung an, eroberte er plötzlich ungeahnte Gebiete. Wo er sich oft reich meinte, war er bettelarm; den Armen aber erquickte und entzückte dann mit einmal wieder ein Strom von Schönheiten und Weisheiten. Gewaltig rang er mit sich selber. Ganz für sich im stillen kämpfte er, in Kopf und Brust, einen harten Kampf. Manchmal war es ihm, als müsse er laut schreien, weil er dachte, daß ihn die Drangsal der auf ihn einstürmenden Gedanken-Ungetüme ersticke, verschütte. Aber er ertrug die Qual weiter und weiter; sie war ihm süß, wie das geliebte Kind der furchtsamen sorgenvollen Mutter, sie war ihm das Liebste und Beste auf der Erde. Ohne die Qualen des Gedankenkampfes, den er leidenschaftlich immer wieder herausforderte, vermochte er nicht mehr zu existieren. Zuweilen ging sein Denken in ein Dichten, Träumen, Phantasieren, sozusagen in ein Tanzen und Musizieren über. Diese Verschiebung brachte ihm hohen Genuß. In Gedanken war er oft ein Sänger, Tänzer, Redner, General oder Musiker oder oft auch ganz einfach nur ein Anbeter von schönen Frauen. Reizend dünkte es ihn, sich z. B. in die Zustände des siebzehnten Jahrhunderts zu versetzen. Die Weltgeschichte machte ihm den Eindruck eines Gedichtes, oder sie erschien ihm wie eine kühne, herrliche, tiefsinnige Freskomalerei. Er machte die deutsche Sprache zu einem Schloß voll Zaubergemächer; in den Grenzen und Bezirken der Philosophie lustwandelte er wie in einem edlen, mit geheimnisvollen lieblichen Verstecken und grünen Schlupfwinkeln erfüllten Fürstengarten. Die Wissenschaften verwandelten sich zu seinem Vergnügen in hohe Bäume mit majestätischen Kronen, und die weite breite Gelehrsamkeit war licht wie der blaue Äther, hin und wieder aber seltsamerweise finster wie die Hölle. Seltsam und wild träumte der Student, liebte bisweilen in seinem Zimmer zu deklamieren oder zu tanzen. Schillersche Prosa zu lesen war für ihn eine Schwelgerei. Manchmal ging ihm etwas wie düstere Seeräuber-Romantik durch den Kopf. Er las Hölderlin und die griechischen Tragödien. Sein eigentlicher Lehrer war er selber, und man kann sagen, daß er hauptsächlich bei sich selber in die Schule ging. Arm war er, aber daraus machte er sich nicht das geringste. Auf Kleider und derlei Äußeres legte er keinen Wert.

»Kopf muß ein Student haben«, pflegte er zu sagen.

Es muß hervorgehoben werden, daß er gern und viel turnte.

»Turnen muß ein Student«, pflegte er von Zeit zu Zeit zu sagen.

Murmeln, flüstern: das kennzeichnete ihn, das kam daher, weil er immer allein ging. Ganz auf sich selbst war er angewiesen, und das war ihm recht, denn er hielt diesen Umstand für einen großen Vorteil. In die Gesellschaft ging er nie oder nur sehr selten. Zu den Salons hatte er kein Vertrauen; es schien ihm, daß er unter Leuten seinen Wert verliere. Im Salon trug der elegante Frack und das einschmeichelnde gewinnende Benehmen über die Schärfe des Verstandes und ihre Wirkungen den Sieg davon, und diese sehr einfache Erkenntnis verursachte ihm Unbehagen. Vor Zerstreuungen fürchtete er sich sozusagen, hatte sie also keineswegs nötig, denn ich habe in der Tat nur nötig, was mir wohltut. Aber den Wald, die Berge, den See liebte er dafür um so mehr. Die Wellen hatten für ihn etwas Gedankenreiches, auf freier Bergeshöhe flogen reiche hohe Gedanken wie von selber aus der kühlen blauen Luft herab an den Wanderer heran.

Wandern, ja, das war des Studenten Freude!

Marschieren war ihm etwas wie ein musikalischer Genuß. Denken und Gehen, Sinnen und Schreiten, Dichten und Laufen waren verwandt miteinander. Ihm kam der Wald mit seiner Kirchenruhe und -Stille wie ein Studiersaal vor, wo Naturwissenschaft, Religion, Weltweisheit und das Wesen der Liebe freundschaftlich gelehrt wurden. Der liebenswürdige süße Vortrag, den die kleinen sangesfrohen Vortragsmeister von den zart verborgenen Tannenästen herab hielten, entzückte sowohl sein Ohr wie sein Gefühl. Unter redenden Menschen kam er sich dagegen häufig wie ein Mensch vor, der am Ertrinken, am Ersticken ist. Im Schweigen an und für sich schon lag der Gedanke, die Freiheit und die Weisheit. Wenn der Student redete, wurde er augenblicklich gedankenarm. So schien es ihm wenigstens. Verfolgte er jedoch schweigend seinen Weg, so flossen alsogleich die silbernen, goldenen Gedankenwellen im schönsten Urzustand und eine ihn beglückende Vergeistigung durch die weichen Gegenden auf ihn zu, um ihn mit zu nehmen, in die Höhe zu heben, ihn wie in einem königlich schönen hellrotflammenden Segelschiff, stürmische Begeisterungen entzündend, in die fröhlichen Morgen- und Abendlüfte, hoch über die Erde und ihre kleinen Dinge ins stolze feurige und freudige Denkerreich empor zu werfen. Alles war dann klar und rein. Redete und disputierte er aber, so war alles trüb.

Seine Erscheinung war schlicht, schlecht und unauffällig wie die eines Arbeiters. Von äußerer Besonderheit war keine Spur an ihm. Sein Gang verkündete eine große Sanftheit aber zugleich auch einen starken Eigenwillen. Seine Haltung war bescheiden und zugleich stolz. Fern von jeglicher Extravaganz verrieten seine Manieren und sein Auftreten Energie und Entschlossenheit, doch war es ihm und Andern, die ihn sahen, wenn er so einherging, als schlafe er im Gehen. Vielfach grüßten ihn einfache Leute auf der Straße, auch kleine Kinder. Dann und wann war er träge. Aus seinen Augen strahlten Seelenruhe und das Feuer einer lebhaften Phantasie. Er lachte gern, aber im allgemeinen waren seine Gesichtszüge und sein Benehmen ernst.

Welche Form er annehmen, was er aus sich machen und wie es ihm ergehen würde, war ihm nicht recht klar. Er gehörte zu denen, die den festen Willen haben, sich zu entwickeln, lieber nichts als etwas Halbes und Falsches oder als etwas Schlaffes zu sein, er gehörte, mit einem Wort, zu denen, die suchen.

Als er sich mitten im fleißigsten Studium sah, brach der Krieg aus. Alles Gedankliche stürzte ihm zu Boden, und er ging in den Wald, um dort gleichsam unter einem Stein aus der Urzeit all sein bisheriges emsiges Denken sorgfältig zu vergraben. Rasch faßte er sich, sagte allen Bedeutungen, allen seinen tiefen Dingen leise Lebewohl und eilte an Ort und Stelle, um die Waffen zu ergreifen und den Fahneneid zu leisten. Bald war er Soldat, und das Gewehr wurde sein vertrauter guter Freund. Auf staubiger Straße, Vaterlandslieder singend, ging es gegen den Feind. Es kam zur Schlacht. Todeslust und Lebenslust vereinigten sich in der Brust des Studenten zu einem gewaltigen Empfinden. Mit den Kameraden stürmte er voran. Die Geschütze krachten, die armen Verwundeten wimmerten, der Feind wurde geworfen und die Schlacht gewonnen. Er blieb am Leben.

Wenn seine Gefährten im Schützengraben, wo die Leute wie die Urbewohner der Erde in Höhlen hausten, an Frau und Kinder dachten, so dachte der Student an seine Studierstube, nach deren Anblick er sich so lebhaft sehnte wie der Freund nach der Freundin, aber Philosoph, der er war, blieb er fest und ruhig, rauchte Pfeife und spielte Karten. Abwarten und Ausharren hatten für ihn etwas eigentümlich Reizendes und Großes, und die Entbehrungen, denen er sich zu unterwerfen hatte, erschienen ihm fast schön. Er vergaß zuweilen, wer und was er war. Wegen seiner Freundlichkeit und wegen seines Mutes wurde er gelobt. Er war gesprächig und redete die rauhe Sprache derjenigen, die dieselbe Aufgabe hatten wie er. Sein heißer Wunsch war, daß es ihm vergönnt sein möge, eines Tages gesund wieder in den Frieden, in die Freiheit und zu seinem Studium zurückzukehren.

(1917)

Der Wald prangte und lachte in seiner bunten Pracht wie eine in ihrem Schlafgemach atmend auf die Ankunft ihres Bräutigams wartende Braut in Ungarn.

Indiens auf geschmeidigen Pranken im Park, den die Wildnis bildet, umherschleichende Tiger hätten nicht mehr dekorative, tapetenhafte Gesprenkeltheit aufweisen können, als es die Zweige mit ihrer verschiedenartig gefärbten Belaubtheit taten.

Alpengipfel blickten jungfrauhaft, mich an Grönlands Sagen und Schneegegenden erinnernd, gleich hochaufgebauten Tempeln, in die grünliche Heimeligkeit hinein, durch die ich meinen Beinen die Erlaubnis erteilte, weich und zugleich kräftig zu schreiten.

Hie und da stand ich, in mein Herz wie in ein noch von keinem Kolumbus entdecktes Amerika schauend, still.

Von weit kam ich her, und ebenso weit hinzugehen, schien ich in der Tat fest im Sinn zu haben, wie wenn ich eine Betretung Australiens in die blauen oder braunen Augen gefaßt hätte.

Mit Hilfe meiner Phantasie begnügte ich mich zunächst, kirgisische Steppen zu durcheilen und argentinische, mit ihrer Gezacktheit den Rand des Himmels berührende Berge zu erklimmen.

Mein Gemüt schloß mit Paradiesvögeln befremdende sowohl wie vertrauenerweckende Freundschaft.

Eine respekterweisende Verbeugung vor der Göttlichkeit der Natur zur Ausführung gelangen lassend, wollte ich mir schon wie ein Japaner im Schimmer der Religion des Ostens samt ihren Figurationen vorkommen, als mich ein frohmütig einhermarschierender Jäger, der einen federgeschmückten Hut auf dem germanischgeformten Kopf trug, ans kühl- und sorgfältigabwägende Deutschland denken ließ, dessen Lebensweise eine häusliche genannt werden kann.

Die Menge meiner Ziele rastlos verfolgend, klimperte mir nach nicht langer Zeit auf einem tizianisch umhauchten Hügel eine mich in Gedanken nach Italien versetzende Mandoline ins aufmerksam lauschende Ohr.

Anderseits trug ich einen mir jeden Augenblick zur Verfügung stehenden, norwegischen Realismusroman gebunden oder broschiert in der Tasche, damit er mich gelegentlich unterhalte und bilde.

Wundervolle Rußlandausgedehntheiten schwebten in Form einer zerstreut mit Birken ausstaffierten Ebene windhundschlank entgegen, Beharrlichkeiten und eine muntere Fülle von Ausdauer in meiner Wesensart zur Belebung bringend.

Wessen man bedarf, entfaltet sich von selber; was man nicht nötig hat, bleibt unentwickelt. Meine Müdigkeiten ließ ich wie Felder, die brach lagen, von meiner Unermüdlichkeit, die mir wie eine hübsche, arbeitsame Negerin vorkam, ausgiebig beackern, bis ich allmählich vor ein Haus zu spazieren kam, das mir, weil ein spanierinähnliches Mädchen vor seiner Türe stand, ein Wirtshaus zu sein schien, weshalb ich in dasselbe hineinging.

Im Interieur erfrischte ich mich zur Belohnung für ausgestandene Wanderstrapazen und überwundene Geistesschwierigkeiten an einem Glas Wein.

(1931/1932)

DER WALD

Sie trug langes Haar, die eines Sonntagnachmittags im Wald umherspazierte, an dessen Rand ein Restaurant lag. Von Zeit zu Zeit überlegte die Lustwandelnde, welche Richtung sie einschlagen, oder ob sie sich lieber auf den einladend-weichen Boden setzen solle. Allerlei Gedanken bemächtigten sich ihrer. Unter anderem überschaute sie ihren bisherigen Lebenslauf. Wie sonderbar die jetzige Sekunde war! Der Moment, den sie hier unter den Nadeln oder dem Laub der Bäume erlebte, kam ihr sonnig und zugleich dunkel, fast würde ich haben sagen mögen, nächtlich-schwarz vor. Wohin verflüchtigten sich ihre Hoffnungen, und woher kam anderseits das Licht des Vertrauens her, wovon sie sich umschlossen sah? Etwas Wonniges leuchtete vor ihr, und wieder kämpfte sie mit etwas Schwerem, derart, daß sie die Hand auf die Brust legte, wie wenn sie ihr Herz zu beschwichtigen versucht hätte. Denkbar bescheiden sah das Kleid aus, das ihren Körper umhüllte. Ihre Seele weilte noch im Restaurant, dessen Musikklänge ihr Ohr erreichten, das mit Flaum verziert war. Dort im Vergnügungsgarten war sie neben ihrem Verehrer bei einer Tasse Kaffee und einer Portion Kuchen nebst Schlagsahne gesessen und hatte sich in die Idee eingesponnen, ihr Ziel erreicht und die Probleme bezüglich ihrer Person gelöst zu haben. Doch nun stand sie allein unter den Zweigen, und die Frage, weshalb sich dies so verhielt, schien unbeantwortbar zu sein, da das Denken in ihrem Kopf wirr und bunt durcheinanderging. Allem Anschein nach hatte er sich nicht nett benommen. Zweifellos hatte er sich veranlaßt gesehen, vom Tisch, woran sie saß, aufzustehen. Derartiges kam öfters vor. Auch sie erfuhr die Gleichgültigkeit, und was in dieses Kapitel gehört, und jetzt rezitierte sie, sich mit Hilfe ihrer Unbefangenheit zur silberblauen und traumgrünen Waldluft in eine poetische Beziehung setzend, folgendes Gedicht:

Unnütz bin ich und verkannt,
schaue hier ins Unerreichte,
in das Reizende und Leichte,
das mir schmeichelt und mich bannt.

Was es, das ich schön hier finde,
könnte sein, versteh' ich nicht.
Holde Düfte, leise Winde,
angenehmes, mildes Licht.

Bald ist mir, ich möchte wandern,
schreiten mit dem flinken Bein,
bei dem einen oder andern
hübschen Gegenstande sein.

Rascher aber, als ich denke,
flieht mein Wunsch im Flug dahin.
Ich mich zu mir selber lenke
und mit mir zufrieden bin.

(1933)

V
»ICH MACHE MEINEN GANG«

BEISEIT

Ich mache meinen Gang;
der führt ein Stückchen weit
und heim; dann ohne Klang
und Wort bin ich beiseit.

(1899)

NACHWORT

David Wagner
27 Schritte durchs Spazieren

1

Ein Spaziergang von Robert Walser, an den ich ab und zu denken muss, führte ihn vom Kanton Bern nach Zürich. Er unternahm ihn nicht zum Vergnügen oder weil er sich zerstreuen wollte, sondern weil er zu einer Lesung eingeladen war. Walser brach am Vormittag in Biel auf, übernachtete unterwegs und kam drei Tage später in Zürich an. Der Ostschweizwanderer, der große Spaziergänger, der Schriftsteller, dem wir die exemplarische Erzählung *Der Spaziergang* verdanken, kam wahrscheinlich gar nicht auf die Idee, sich anders als zu Fuß nach Zürich zu begeben. Er musste spazieren.

2

Das Verb *spazieren* und der zugehörige *Spaziergang* leiten sich vom italienischen *spaziare, sich räumlich ausbreiten, umherschweifen, sich ergehen* ab. Die Übernahme ins Deutsche soll schon im 15. Jahrhundert stattgefunden haben, als es ein Wort für eine Tätigkeit brauchte, die bei denen aufkam, die Zeit, Muße und einen Ort hatten, um sich zweckfrei zu bewegen. Leibeigene, so viel lässt sich vermuten, waren damals eher keine großen Spaziergänger. Der neu erfundene Zeitvertreib, der auch *ambulieren* oder *lustwandeln* und später *promenieren* oder *flanieren* genannt wurde, war zuerst eine höfische, also aristokratische Tätigkeit, die in entsprechenden Gärten um Schlösser herum stattfand, der bald stärker wirkende französische Einfluss ist deutlich herauszuhören. Viel später, eigentlich erst im 19. Jahrhundert, entwickelte sich eine bürgerliche und städtische Spazierkultur, die in Grünanlagen auf ehemaligen Festungsbauten, auf Ringstraßen, großen Boulevards, in Parks oder Passagen ihr Schweifgebiet fand.

3

Spazieren ist die Kunst, seinen Körper in Bewegung zu versetzen, ohne dass diese unmittelbar etwas einbringt – abgesehen von den Eindrücken, die ich während des Spazierens sammle. Spazieren ist kein Sport und auch keine gymnastische Übung, Spazieren soll im besten Fall eine ästhetische Tätigkeit sein, eine künstlerische Praxis, die – sich treiben lassen, driften hilft – in den Müßiggang übergehen kann, die Grenzen sind fließend. Spazieren ist antikapitalistisch, weil im materialistischen Sinne unproduktiv, und macht sich in seinen Varianten *Herumstreunen* und *Landstreichen* gern verdächtig.

4

Robert Walser ist in seinem Leben viel spaziert und zu Fuß gegangen, durch Berlin, Biel, Bern und überhaupt die halbe Schweiz, aber es war sein Mentor und Vormund der späten Jahre, Carl Seelig, der ihn zu dem großen Spaziergänger gemacht hat, den wir heute in ihm sehen; sein Erinnerungsbuch *Wanderungen mit Robert Walser* von 1957 hat daran einen großen Anteil. Seelig betrachtete Walsers Spazierbewegungen und seine Gewaltmärsche als Teil des Werks, nutzte sein gelegentlich sicherlich manisches Gehen, um Robert Walser als *Bummelgenie* oder *König der Spaziergänger* bekannt zu machen. Walser selbst hat sich so nie bezeichnet, er ging einfach zu Fuß, wenn es sein musste, auch hundertvierzehn oder hundertfünfzehn Kilometer von Bern bis nach Zürich. Eine Strecke, die für durchschnittliche Fuß- und Spaziergänger kaum zu bewältigen ist, weil sie doch eher einen Eilmarsch als einen Spaziergang darstellt. Seit Johann Gottfried Seume sich aber in den Jahren 1801/02 räumlich von Grimma in Sachsen bis nach Syrakus in Sizilien ausgebreitet hat – um die wörtliche Übersetzung des italienischen *spaziare* zu bemühen –, darf im Deutschen auch eine über große Entfernungen zurückgelegte Fußreise *Spaziergang* genannt werden.

5

Der Spaziergang von Robert Walser, erschienen 1917, beschreibt hingegen einen viel kürzeren Rundgang durch eine übersichtlich frühmoderne Stadt. Angetrieben von Bewegungs- und Schaulust, begibt ein Schriftsteller ohne im herkömmlichen Sinne geordneten Tagesablauf sich auf eine Erkundung des eigentlich Bekannten, das sich durch seine Betrachtungs- und Entdeckungsfreude jedoch verwandelt. Das glänzende Ladenschild eines Bäckers wird zu seinem Goldenen Vlies, und die Essenseinladung bei einer reichen Gönnerin – Walsers Erzählung kreist mit Besuchen bei der Bank und auf der Gemeindekasse unterschwellig immer auch um Geld, von dem der freie Schriftsteller nicht allzu viel besitzt – mutiert zu einer Art Gastmahl des Trimalchio.

6

Spazieren heute, über hundert Jahre nach *Der Spaziergang*: Diesen Sommer bin ich, teils allein, teils in Begleitung, die

Berliner Ringbahn abspaziert, einmal rundherum, die ganze Strecke, die auf dem Stadtplan wie ein Hundskopf aussieht, dessen Schnauze zwischen Westend, Witzleben und Westkreuz liegt. Ich wollte, das war die psychogeografische Spazieraufgabe, die nur auf dem Stadtplan und von sehr weit oben über der Stadt sichtbare Figur spazierend nachzeichnen und dabei immer so dicht wie möglich an den Gleisen bleiben, mal innen, mal außen. Dieser Konzept-Spaziergang führte an Autohäusern, Bahnanlagen, Neubausiedlungen, Kleingärten, Swingerclubs, Tonstudios, Spielplätzen, Obdachlosenwohnheimen, neuangelegten Stadtplätzen, Stadtautobahnausfahrten, Großbordellen, vielen Baustellen und Bahnhofsvorplätzen vorbei. Über die Stadt war einiges zu lernen.

7

Spazieren heute, mir fällt der Flughafenspaziergang ein, ebenfalls eine psychogeografische Übung, die da lautete, zu Fuß zum Startflughafen zu gehen und vom Zielflughafen in die Stadt hineinzuspazieren. Einmal habe ich sie erfüllt, diese Aufgabe, es gelang mir zwischen Berlin und Lissabon. Ich verließ unsere Berliner Wohnung, wanderte nach Tegel, wo der Flughafen sich damals noch befand, flog nach Portugal und marschierte vom Lissaboner Flughafen durch Portela und dann ein gutes Stück am Tejo entlang bis in die Lissaboner Altstadt. Es empfiehlt sich, fast ohne Gepäck zum Flughafen zu spazieren.

8

Selbsterniedrigung durch Spazierengehen, auch eine Spaziervariante. Es geschieht bei Wanderungen durch die innerstädtische Peripherie, durch die Agglo, an einem Autobahnzubringer ohne Gehweg entlang, beim Wandeln durch Industriegebiete. Ein Spaziergang kann auch dazu dienen, sich an die eigene Unbedeutendheit zu erinnern, kann helfen, Demut zu lernen. Zu spazieren soll ja nicht heißen, sich nur durch nach konventionellem Verständnis schöne Landschaften oder pittoreske Altstädte zu bewegen.

9

In seinen Berliner Jahren hat Robert Walser das deutschsprachige Großstadtfeuilleton, wenn nicht miterfunden, dann doch früh geradezu mustergültig bedient. Die junge, große, neue Stadt, in der Walser damals spazieren ging, musste beschrieben werden, denn Berlin, das während der zurückliegenden Jahrzehnte so ungeheuer gewachsen, ja explodiert war, wusste um 1900 selbst noch nicht, was es war und werden wollte. Walser streunte durch diese Stadt voller Trockenwohner und beschrieb die *Friedrichstraße* (1909) und den *Tiergarten* (1911).

10

Eine Spaziervariante, die gemeinsam, oft mit sehr vielen anderen zusammen unternommen wird, heißt *Demonstration*, *Protestmarsch* oder *politischer Spaziergang*. Mal ganz davon abgesehen, wofür oder wogegen ich demonstriere, ich liebe diese manchmal langen Märsche auch deshalb, weil ich als Demonstrationsteilnehmer mitten auf der Straße gehen darf, auf der sogenannten Fahrbahn. Die Demonstration ist der Spaziergang, der den von Autos okkupierten öffentlichen Raum zurückerobert. Leider nicht auf Dauer.

11

Jeder Spaziergang errichtet eine vergängliche Skulptur im Raum, jeder Spaziergang *ist* eine sich durch den Raum bewegende Skulptur – aber nur im frischgefallenen Schnee bleibt sie sichtbar, eine Zeitlang zumindest, vielleicht auch im Kornfeld, im dichten Klee oder am Strand, nah am Wasser, bevor die nächste Welle kommt. Jeder Spaziergang ist ein flüchtiges Monument.

12

Mir fällt der Spaziergang ein, der unternommen wird, um vorzuführen. Um sich selbst oder das neue Kleid in der Stadt zu zeigen. Vielleicht auf der vor langer Zeit dafür angelegten Promenade, die heute vielerorts ein Parkplatz ist. In Kurorten mit Kurpromenade war das langsame, kontrollierte Spazieren einmal ein wichtiger Bestandteil der Trinkkur. Heute kennt die Großstadt das *Wegbier*, manche bezeichnen das unterwegs spazierend getrunkene Bier auch als *Fußpils*.

13

»Ich teile mit, daß ich eines schönen Vormittags, ich weiß nicht mehr genau, um wieviel Uhr, da mich die Lust, einen Spaziergang zu machen, ankam, den Hut auf den Kopf setzte, das Schreib- oder Geisterzimmer verließ, die Treppe hinunterlief, um auf die Straße zu eilen«, lautet der erste Satz von Robert Walsers *Der Spaziergang*. Mich interessiert hier vor allem das *Schreib- und Geisterzimmer*, aus dem der Erzähler-Spaziergänger auf die Straße flüchtet. Vor den Geistern oder vor dem Schreiben?, frage ich mich und weiß, dass er weder den Geistern noch dem Schreiben entkommen kann. Im Grunde beginnt *Der Spaziergang* am Schreibtisch und setzt sich, auch wenn er behauptet, das Geisterzimmer zu verlassen, dort fort, denn der folgende Spaziergang besteht ja Schritt für Schritt aus Wörtern auf Papier. Das Spazieren findet im Schreib- und Geisterzimmer statt.

14

Ein Bleistiftspaziergang wäre, ganz wörtlich verstanden, der Spaziergang eines Bleistifts, der über ein Blatt Papier geführt wird. Er dient nicht nur der Zerstreuung, ein Bleistiftspaziergang soll Spuren hinterlassen, die als Schrift gelesen werden können – oder auch nicht, wenigstens nicht immer, wie etwa Robert Walsers schwer zu entziffernde *Mikrogramme*. Ich frage mich, ob sie nicht auch Spazieraufzeichnungen sein könnten, *Ambulagramme*, um ein Wort zu erfinden. Könnte es nicht sein, dass jeder Strich, jeder Schwung, jeder Bogen, jede Unter- und Oberlänge einen Spazierschritt darstellt? Dass die Ambulagramme eine Umschrift beziehungsweise Notation der Wellenbewegung des Gehens sind und das stete rhythmische Auf und Ab nachzeichnen, als ob jeder Schritt über Stadt und Land auch einen Strich aufs Papier machte? Ob Robert Walser in seinem Leben mehr Buchstaben geschrieben hat oder mehr Schritte gegangen ist, frage ich mich.

15

Ich muss an die Wohnungsspaziergänge denken, die ein Freund oft kurz vor Mitternacht unternimmt, weil er noch nicht bei der für jeden Tag angestrebten Zahl von Schritten angelangt ist. Seine Smartwatch und sein Telefon, die alle seine Bewegungsdaten messen und aufzeichnen, ermahnen ihn, seine Spaziervorgabe zu erfüllen. Er geht dann mehrere Runden, von der Kammer hinter der Küche durch den Seitenflügelflur seiner Wohnung bis in die beiden durch Flügeltüren verbundenen Vorderhauszimmer und dreht auf dem Rückweg eine Schleife durchs Badezimmer.

16

Verwandt mit dem Wohnungsspaziergang wäre der Spezialfall Gefängnishofspaziergang. Ich erinnere mich vor langer Zeit gelesen zu haben, dass der in Berlin-Spandau inhaftierte Albert Speer seine Schritte im Gefängnis, seine Hofrunden, in einen Spaziergang bis nach Istanbul umrechnete. Seinerzeit noch analog, ohne Apple Watch und Fitness-App. Der Kriegsverbrecher zählte seine Schritte selbst.

17

Der Kontrollgang fällt mir ein, der Spaziergang, der mich durch vertraute Viertel führt, ganz egal in welcher Stadt. Ich sehe nach, ob alles in Ordnung ist. Ich gehe Streife. Ich inspiziere, ich registriere und halte Ausschau nach Veränderungen. Wurde diese Straßenlaterne versetzt? Steht hier ein neues Haus? Wurde das Gerüst endlich abgebaut? Liegt die Matratze mit dem großen Fleck und dem angeklebten Zu-verschenken-Schild noch immer vor der Hausnummer 47?

18

Das genaue Gegenteil der Spazierbesichtigung des Altvertrauten wäre der allererste Spaziergang in einer Stadt, in der ich nie zuvor gewesen bin. Übernächtigt in Buenos Aires und einfach los. Zum ersten Mal in Neapel, zu Fuß durch Istanbul, Shanghai, Teheran. Leider lassen diese euphorischen ersten Spaziergänge durch eine neue Stadt sich nicht wiederholen.

19

Spaziergänge werden allein, zu zweit oder, sonntags zum Beispiel, mit der Familie unternommen. Die deutsche Sprache kennt den Begriff *Sonntagsspaziergang* für diese Tradition, und Carl Spitzweg hat in seinem gleichnamigen Gemälde schon 1841 das Unbehagliche und die erzwungene Pein des Sonntagsspaziergangs mitgemalt. Heute sieht es überraschenderweise so aus, als ob diese vom vollschlanken Vater angeführte, sich vor der Sonne und dem Licht wegduckende hochbiedermeierliche Familie in die völlig falsche Richtung unterwegs wäre. Spazieren sie nicht gegen die Leserichtung, zurück und in ein Unwetter hinein?

20

Viele Spaziergänge werden heute nur scheinbar allein, tatsächlich aber mit Hund unternommen. Dass ein Hund ausgeführt werden muss, ist für viele Menschen in Mitteleuropa überhaupt der Grund, sich vor die Tür zu begeben und von einem angeleinten Tier über den Bürgersteig oder durch den Park ziehen zu lassen. Mit einem Hund, ob angeleint oder nicht, wirkt jeder Spaziergänger (und jede Spaziergängerin auch) gleich weniger suspekt, Spaziergänger und Spaziergängerinnen, die tagsüber ohne Tier unterwegs sind, sehen sich leicht dem Verdacht ausgesetzt, einer wenig bürgerlichen Tätigkeiten nachzugehen.

21

Der Überbrückungsspaziergang fällt mir ein, von einer Straßenbahnhaltestelle zur anderen, wenn die elektronische Anzeige verrät, dass die nächste Bahn oder der nächste Bus erst wieder in elf oder zwölf Minuten kommen wird. Mehr als Zeit genug, um ein oder zwei Stationen zu Fuß zu gehen, statt zu warten. Was mich, ich weiß nicht, warum, an ein imaginäres Hüpfen von Seerosenblatt zu Seerosenblatt denken lässt.

22

Die schönsten Spaziergänge sind die, die nirgendwo hinwollen, die ohne vorgegebene Richtung, ohne Plan, ohne Karte, ohne Navigationsgerät, ohne Ziel unternommen werden. Die schönsten Spaziergänge sind die, auf denen die Spaziergänger sich verlaufen, sei es zu zweit, weil sie so tief ins Spaziergespräch versunken sind, dass der Weg verloren geht, oder sei es allein und in Gedanken, wie von Jean-Jacques Rousseau in den *Träumereien eines einsamen Spaziergängers* (1782) beschrieben und von Johann Wolfgang von Goethe in den Versen *Ich ging im Walde | so für mich hin, | und nichts zu suchen, | das war mein Sinn* besungen.

23

Während des Spazierens, ob nun mit Ziel oder ohne, verändert sich etwas im Kopf. Ob es daran liegt, dass das Gehirn in der Wellenbewegung des Gehens so sanft hin und her geschaukelt, durchgeschüttelt, gerüttelt und gelüftet wird? Kann es sein, dass die Eigenbewegung etwas im Kopf bewirkt? Die Peripatetiker der Antike wussten schon um diese Wirkung des Gehens und philosophierten in Wandelhallen, ihr Unterricht fand in der Stoa statt. Ach, denke ich heute, was hätte ich in der Schule alles lernen können, wenn nur jeden Tag Wandertag gewesen wäre …

24

Spazieren ist »nicht nur gesund und schön, sondern auch dienlich und nützlich«, sagt Robert Walser in *Der Spaziergang*. Wie gesund es ist, Gewaltmärsche von über hundert Kilometern zu unternehmen, weiß ich nicht. Ich weiß aber, dass Spazieren ein Therapeutikum sein kann, ja, Spazieren hilft. Ich kenne das betreute Spazieren, wie es in Rehabilitationskliniken angeboten wird, mit Stöcken und ohne. Ich kenne das Spazieren gegen schlechte Laune, gegen Depression und gegen Schmerzen im Knöchel, die nach einigen hundert oder tausend Schritten verschwinden, weil Schmerz sich weggehen lässt. Und weggeht. Ich habe es von Ärzten und Ärztinnen gehört: Bewegung tut not, gehen Sie spazieren, Sie müssen spazieren! Robert Walser wusste das schon.

25

Bin ich in einer fremden Stadt zu einer Lesung eingeladen, gehe ich meist vom Bahnhof zu Fuß zum Hotel. Und muss auf dem Weg dann oft an Robert Walsers Marsch nach Zürich denken. Der große Spaziergänger hätte sich an meiner Stelle die Anfahrt mit dem Zug gespart und wäre die ganze Strecke zu Fuß gegangen, egal wie weit. Nicht nur das kleine Stück vom Bahnhof zum Hotel.

26

Als Walser zur Lesung des vornehmen Literaturklubs in Zürich eintraf, erinnerte er wohl mehr an einen Landstreicher als an einen Schriftsteller, so heruntergekommen und mitgenommen sah er nach seiner Wanderung aus; zudem habe er beim Probelesen ausgesprochen schlecht vorgetragen. Die Verantwortlichen des *Lesezirkels Hottingen* erklärten daraufhin dem Publikum – große Ehre und Demütigung liegen bei Literaturveranstaltungen oft ganz dicht beieinander –, der Autor sei erkrankt, an seiner Stelle würde ein Journalist lesen.

Robert Walser saß unerkannt in der letzten Reihe und hörte seiner eigenen Lesung zu.

27

Mir fällt noch ein Spaziergang ein, und zwar der, den ich unternehme, damit mir etwas einfällt. Der Spaziergang, auf dem mir zum Beispiel einfallen soll, was ich über das Spaziergenie Robert Walser, sein Spazieren und das Spazieren heute schreiben soll. Verzeihung, bitte entschuldigen Sie, liebe Leserin, lieber Leser, ich muss jetzt los. Ich muss hinaus auf die Straße. Ich muss spazieren.

TEXTNACHWEISE

Die Texte dieses Bandes sind folgenden Ausgaben entnommen:

Robert Walser: *Werke. Berner Ausgabe.* Herausgegeben von Lukas Gloor, Kerstin von Schwerin, Reto Sorg, Peter Stocker und Peter Utz. Berlin: Suhrkamp Verlag 2018ff. [= BA].
Robert Walser: *Sämtliche Werke in Einzelausgaben.* Herausgegeben von Jochen Greven. 20 Bde. Zürich und Frankfurt: Suhrkamp Verlag 1985/6 (st 1101-1120) [= SW].
Robert Walser: *Aus dem Bleistiftgebiet.* 6 Bde. Im Auftrag des Robert Walser-Archivs der Carl Seelig-Stiftung/Zürich entziffert und herausgegeben von Bernhard Echte und Werner Morlang. Frankfurt: Suhrkamp Verlag 1985-2000 [= AdB].
Robert Walser: *Feuer. Unbekannte Prosa und Gedichte.* Herausgegeben von Bernhard Echte. Frankfurt: Suhrkamp Verlag 2003 [= Feuer].

* Bei den mit einem Sternchen gekennzeichneten Beiträgen handelt es sich um Auszüge aus längeren Texten; die Titel stammen vom Herausgeber.

Der Greifensee (BA 10, 31-33); Erstdruck in *Sonntagsblatt des Bund*, Nr. 27, 2. Juli 1899.
*So lief er denn vorwärts** (aus: *Geschwister Tanner*) (BA 5, 88-92); Erstdruck in der Buchpublikation *Geschwister Tanner*, 1907.
*Der Wald über dem Kopf des Träumers** (aus: *Der Gehülfe*) (BA 6, 80-85); Erstdruck in der Buchpublikation *Der Gehülfe*, 1908.
Fußwanderung (BA 11, 28-29); Erstdruck in *Die Rheinlande*, Jg. XIII, H. 3, März 1913.
Nächtliche Wanderung (BA 11, 34-35); Erstdruck in *Die Rheinlande*, Jg. XIII, H. 7, Juli 1913.
Der Ausflug (BA 11, 157-158); Erstdruck in *März*, Jg. VIII, Bd. 1, H. 8, 21. Februar 1914 [unter dem Obertitel: *Kleine Sachen*].
Der Morgen (BA 11, 156); Erstdruck in *März*, Jg. VIII, Bd. 1, H. 8, 21. Februar 1914 [unter dem Obertitel: *Kleine Sachen*].

Herbstnachmittag (BA 11, 165-166); Erstdruck in der Buchpublikation *Kleine Dichtungen*, 1914.

Spaziergang (BA 11, 144-145); Erstdruck in *Der Neue Merkur*, Jg. I, H. 2, Mai 1914 [unter dem Obertitel: *Prosastücke*].

Spazieren (BA 11, 80-81); Erstdruck in *Die neue Rundschau*, Jg. XXV, Bd. 1, H. 3, März 1914 [unter dem Obertitel: *Sechs Sachen*].

Abendspaziergang (SW 16, 19-21); Erstdruck in *Die Ähre*, Jg. III, H. 27/28, 11. April 1915 [unter dem Obertitel: *Sechs Prosastücke*].

Der Wanderbursche (BA 15, 51-53); Erstdruck in *Die Schweiz*, Jg. XIX, Nr. 3, März 1915 [unter dem Obertitel: *Zwei Romantische Stücke*].

Die Tante (BA 15, 24-28); Erstdruck unter dem Titel *Wanderung* in *Neue Zürcher Zeitung*, Jg. 136, Nr. 86, 1. Sonntagblatt, 24. Januar 1915.

Kleines Landstraßenerlebnis (BA 15, 12-14); Erstdruck in *Schweizerland*, Jg. II, H. 5, Februar 1916 [unter dem Obertitel: *Drei Wanderstücke*].

Sonntagsspaziergang (BA 18, 12-15); Erstdruck in der Buchpublikation *Die Rose*, 1925.

Ausflug aufs Land (SW 17, 90-93); Erstdruck in *Vierteljahresblätter des V. d. B.* (Volksverband der Bücherfreunde), Jg. 1, Nr. 2, Mai 1926 [unter dem Obertitel: *Zwei kleine Geschichten*].

Wanderschaft (SW 20, 51-53); Erstdruck in *Frankfurter Zeitung*, Jg. 75, Nr. 551, Abendblatt, 26. Juli 1930.

Sonntagsausflug (SW 20, 12-14); unveröffentlichtes Manuskript, 1932/1933, Robert Walser-Zentrum.

*Sebastian** (aus: *Geschwister Tanner*) (BA 5, 107-111); Erstdruck in der Buchpublikation *Geschwister Tanner*, 1907.

*Einsam in der Nacht umherzuspazieren** (aus: *Der Gehülfe*) (BA 6, 128-129); Erstdruck in der Buchpublikation *Der Gehülfe*, 1908.

Der Berg (BA 11, 173-174); Erstdruck in der Buchpublikation *Kleine Dichtungen*, 1914.

Kleine Wanderung (BA 11, 154); Erstdruck in *März*, Jg. VIII, Bd. 1, H. 8, 21. Februar 1914 [unter dem Obertitel: *Kleine Sachen*].

Tannenzweig, Taschentuch und Käppchen (BA 11, 147-148); Erstdruck in *März*, Jg. VIII, Bd. 1, H. 4, 24. Januar 1914 [unter dem Obertitel: *Kleine Sachen*].

Sonntag (SW 16, 31-33); Erstdruck in *Sonntagsblatt des Bund*, Nr. 24, 17. Juni 1917.

*Es gab einen herrlichen Abend** (aus: *Geschwister Tanner*) (BA 5, 59-60); Erstdruck in der Buchpublikation *Geschwister Tanner*, 1907.

*So leichtfertig spazieren zu dürfen** (aus: *Geschwister Tanner*) (BA 5, 222-224); Erstdruck in der Buchpublikation *Geschwister Tanner*, 1907.

*Spaziergängerbildnis** (aus: *Der Gehülfe*) (BA 6, 105-109); Erstdruck in der Buchpublikation *Der Gehülfe*, 1908.

Guten Tag, Riesin! (BA 9, 72-74); Erstdruck in *Die neue Rundschau*, Jg. XVIII, Bd. 1, H. 5, Mai 1907.

Friedrichstraße (BA 9, 84-86); Erstdruck in *Die neue Rundschau*, Jg. XX, Bd. 3, H. 8, August 1909.

Die Großstadtstraße (SW 15, 52-56); Erstdruck in *Die Rheinlande*, Jg. X, September 1910.

Tiergarten (BA 9, 93-95); Erstdruck in *Die neue Rundschau*, Jg. XXII, Bd. 1, H. 6, Juni 1911.

*Spazieren muß ich unbedingt** (aus: *Der Spaziergang*) (BA 14, 41-46); Erstdruck in der Buchpublikation *Der Spaziergang*, 1917.

Die Straße (I) (SW 16, 53-55); Erstdruck in *Die Rheinlande*, Jg. XIX, H. 3/4, März 1919 [unter dem Obertitel: *Zwei Prosastücke*].

Walter (AdB 1, 213-215); unveröffentlichtes Manuskript (Mikrogramm Nr. 259), September/November 1924, Robert Walser-Zentrum.

Die Straße (II) (SW 20, 120-122); unveröffentlichtes Manuskript, 1932, Robert Walser-Zentrum.

Der Bahnhof (II) (SW 20, 75-76); unveröffentlichtes Manuskript, 1932/1933, Robert Walser-Zentrum.

*Aber Ferien, was ist das!** (aus: *Geschwister Tanner*) (BA 5, 18-20); Erstdruck in der Buchpublikation *Geschwister Tanner*, 1907.

*Es ist so süß, zu bleiben** (aus: *Geschwister Tanner*) (BA 5, 207-210); Erstdruck in der Buchpublikation *Geschwister Tanner*, 1907.

Das Liebespaar (BA 11, 91-92); Erstdruck in *Vossische Zeitung*, Nr. 4, Abendausgabe, 3. Januar 1914, Erste Beilage [unter dem Obertitel: *Zwei kleine Sachen*].

Der Liebesbrief (BA 11, 127-128); Erstdruck in *Die Rheinlande*, Jg. XIV, H. 3, März 1914 [unter dem Obertitel: *Vier Sachen von Robert Walser*].

Die Göttin (BA 11, 15); Erstdruck in der Buchpublikation *Kleine Dichtungen*, 1914.

Schwärmerei (BA 11, 175-176); Erstdruck in der Buchpublikation *Kleine Dichtungen*, 1914.

*Tomzack** (aus: *Der Spaziergang*) (BA 14, 25-28); Erstdruck in der Buchpublikation *Der Spaziergang*, 1917.

Der Student (BA 13, 81-85); Erstdruck in der Buchpublikation *Kleine Prosa*, 1917.

Spaziergang (II) (SW 20, 83-85); unveröffentlichtes Manuskript, 1931/1932, Robert Walser-Zentrum.

Der Wald (Feuer, 94-95); Erstdruck in *Berliner Tageblatt*, Jg. 62, Nr. 310, Abendausgabe, 5. Juli 1933.

Beiseit (BA 8, 36); Erstdruck in *Wiener Rundschau* unter dem Titel *Spruch*, Jg. III, H. 18, August 1899 [unter dem Obertitel: *Gedichte*].